해무를 벗기다

해무를 벗기다

박미정 수필집

세종출판사

작가의 말 하나

삶은 수필인데
다만 쓰지 않았을 뿐이라는 건
변명이었다.

쓰는 동안 내내
지나간 시간의 그리움과 후회에서
현재 시간은 나를 힘들게 했다.

꽃신을 신고 떠나신 어머니
"비굴하게 살 만큼 인생은 길지 않다"
하신 말에 힘입어 움직이는 펜,

서해 언덕에서
바다인지 강인지 아득해 보이던
해무를 벗긴다.

내면서 -

다시 수필을 생각한다.

내일을 위해 오늘을 어떻게 살아야 하는지

어머니의 발코니에서

해법을 찾으려

한다.

2015년 9월

아미娥渼 박 미 정

차 례

제1부 어머니의 코발트에 서다

아침 수다	11
그래, 니는 할끼다	16
장독대	21
철쭉꽃 이야기	26
삶도 과학이다	30
언니와 동생	35
더 살아보고	40
목욕	45

제2부 함께 있더라

부자지간	53
쩌렁새	57
독감의 덫	62
명절을 앞두고	67
엽서 플러스	72
바다는	77
침묵연습	82
내 시에는 비빌 언덕이 있다	87

제3부 길 위에서 만나다

마실 길을 가다	*95*
남이섬 견문록	*100*
사냥꾼 일기	*105*
산사에서	*110*
가을 여행	*115*
해무를 벗기다	*120*
귀여운 외교관	*125*
그녀	*130*

제4부 라일락 향기를 즐기다

서문 고갯길	*139*
추억의 뱃고동소리	*144*
꽹과리	*149*
모차르트의 도시	*154*
문어다리 놀이	*159*
형님들	*164*
돌아오는 길	*170*

제5부 좋은 나무는 좋은 열매를 낸다

장마	*177*
여러 소리	*182*
도랑치고 게 잡고	*187*
프로크루스테스의 침대	*192*
우리 반, 우리는	*197*
자서전	*202*
네 명의 요리사가 탄생했어요	*207*

| 작품서평 |

박미정의 수필세계
- 풍성한 의식의 흐름, 조용한 열정의 파동 | 권대근　　　　　*215*

제1부
어머니의 코발트에 서다

아침수다 / 그래, 니는 할끼다 / 장독대 / 철쭉꽃이야기
삶도 과학이다 / 언니와 동생 / 더 살아보고 / 목욕

아침 수다

 자매는 시끄럽다. 나랑 전화하던 언니를 보고 형부가 놓은 일침이다. 형부의 고향은 경기도인데 심하게 말할 때는 경상도 사람은 시끄럽다고 단언하기도 한다. 그러나 요즘은 전화를 안 하는 조용한 아침이면 행여나 자매들끼리 감정문제가 발생했나 싶어서 관심을 가지고 시시콜콜 묻는다는 것이다. 그래서 별 이야깃거리가 없어도 안부가 궁금하다고 전화를 걸어오는 날에는 옆에서 심란해 하는 형부 마음을 위해 언니가 수다를 떤다. 일종의 배려다.
 언니는 어머니의 이야기로 말문을 열었다. 내가 선물한 시화 「아흔의 물보라」를 떼서 안 보이는 곳에 두라고 했다는 것이다. 뜬금없는 소식이었다. 그 시화는 작년 여름에 우리 집에 다니러 오셨을 때 계곡에서 함께 보낸 시간을 담은 것이며 부산지하철역에서 일주일 동안 시민들에게 알렸던 것이라 나에게는 각별했다. 비행기까지 타고 간 액자였다. 그걸 받으시고 좋아하셨던 건 물론이고, 부지런히 외워서 낭송까지 해주셔서 나에게는 또 다른 추억덩어리이다. 어머니도 마찬가지셨다. 현관에 들어서면 가장 눈에 띄는 당신의 방문 옆에 걸어두시고 날마다 읽기를 즐기셨는데, 예사로 큰 사건이 아니라고 둘이서 입을 모았다.

온종일 곰곰이 생각했지만, 도저히 감이 잡히지 않는다. 언니도 모르는 건 마찬가지여서 어머니의 눈치만 살피고 있지만 아무 낌새를 찾을 수 없는 건 어제와 같다고 현장 분위기를 전한다. 언니는 집안일을 빨리 끝내고 가까이 있는 친정으로 날마다 간다. 노인정에 한 번 가 본 이후로 가기 싫으시다는 어머니의 말동무도 되어 주고 간식과 점심도 챙겨 드리며 건강도 보살핀다. 웬만하면 당신의 마음을 보여 주시는데 헤어질 때까지도 미동이 없으셨단다. 어머니는 경솔한 분이 아니시므로 더욱 마음이 쓰인다.

스스로 관리하는 '어머니의 아흔'은 나에게 대단하다. 자신이 개발한 요체조를 날마다 하시고 사소한 것에 화내지 않으시고 남의 말이나 흉을 보지 않으신다. 우리가 남의 말을 하면 그렇게 할 일이 없느냐고 꾸지람을 하신다. 신문을 손에서 놓지 않으시고, 유머감각도 뛰어나서 이야기가 재미있다. 문학과 역사의 해박한 지식을 들으면 스스로 메모지를 챙기지 않을 수 없다. 사실 친정에 가는 속마음은 어머니의 이야기를 듣고 싶은 마음이 앞설 때가 많다. "아흔인데 이 만큼 잘 난 사람 있으면 나와 보라고 해!" 내 엄지손가락 두 개를 세워 보이면 박장대소하시는 귀여운 아흔의 어머니다.

어느 날 나에게 당신이 즐겨 부르시던 노래를 가르쳐 주셨다. 일본 노래였는데 멜로디가 너무 슬펐다. 노래를 따라 부르면서 아는 때까지 일어를 바쁘게 써 내렸고 내가 쓴 가사를 보고 틀린 부분은 고쳐주셨다. 그것을 반복하면서 나도 모르게 눈물을 흘렸다. 우는 모습을 보이지 않으려고 애를 썼으나 눈물은 이미 나의 간섭을 벗어나 흐느끼는 수준까지 갔다. 엎질러진 물이었다. 나는 고개를 들지 못하고 글을 쓰는 시늉을 했고, 어머니는 아무 말씀도 없으시다가 모녀의 노래방은 어정쩡한 G단조의 분위기로 끝이 났다.

다음 날 거실에서 서성거리시더니 뜻밖에 어제 같이 불렀던 노래를 잊으란다. 당신이 좋아하는 노래라고 애써 가르쳐 주시고는 왜 그러느냐고 여쭈었더니 갑자기 싫어졌다는 것이다. 신신당부를 하는 모습이 예사롭지 않다. 얼른 분위기를 수습하고 싶어서 그 노래를 부르지 않겠다고 약속했는데 메모한 가사까지 좀 보자고 한다. 갈수록 태산이다. 찾기만 하는 얼렁뚱땅 행동을 보시고는 불같이 그만두라고 하시며 잠시 누워야겠다고 하셨다. 어처구니가 없다. 나이가 드시니까 없던 변덕도 생기는가 보다. 쓸데없이 까탈을 부리는 간 큰 노인이라고 언니와 흉을 봤다.

부모의 마음을 자식은 모른다. 나를 보면 그렇다. 당신이 떠나는 날 부르라고 가르쳐 준 노래가 갑자기 싫어진 것도 눈물을 하염없이 흘리던 막내딸을 또 슬프게 할 수 없었음인데 이유를 알려고도 찾으려고도 하지 않았다. 아무리 나이가 들어도 부모가 보기에는 아이라고 하더니 나도 당신에게는 잘 우는 아이였다. 정말 그랬다. 어릴 적에도 잘 운다고 끝까지 운다고 혼이 났던 막내딸, 당신이 가시면 오래도록 울 막내딸이 가여워서 당신이 먼저 그렇게 좋아하던 노래를 버린 것이리라.

내일은 언니에게 먼저 전화를 해야겠다. 「아흔의 물보라」를 날마다 읽으시다가 시의 비밀을 아신 모양이라고, 막내딸이 애틋해 하는 아흔 살이 싫어지신 모양이라고 전하면 언니도 안심할 것이다. 어머니는 나의 팬이다. 나의 시집을 손에서 놓지 않으시니 나의 모두를 더 꿰뚫고 계신다고 해도 과언이 아니다. 지금 곁에 계시는 것으로도 우리를 행복하게 해주는 어머니가 당신이 떠나시면 자식의 가슴에, 막내딸의 가슴에 남게 될 슬픔까지 마음을 쓰셔서 안쓰럽다. 어머니가 보고 싶다. 앞당겨서 친정에 가면 사라진 시화의 추적은 하지 않기로 해야지.

아침 수다에는 어머니의 등장이 대부분이다. 어쩌면 우리들의 수다는 어머니가 만들어 준 무대일지도 모른다. 당신의 일상이 맑고 흐림에 따라 우리들의 수다도 맑고 흐리고 비가 내린다. 부모님의 마음을 얼마나 알아야 아는 것이라고 할까. 날마다 당신의 마음을 겉도는 이야기로 끝나는 전화통화지만 아침 수다에서 당신의 마음을 달랠 해법을 찾는다.

그래, 니는 할끼다

　TV 자막에 아흔 넷이신 할머니가 농사를 짓는다고 나온다. 볼거리를 찾던 중이라서 고정했다. 귀도 잡수시지 않았는지 인터뷰를 하시면서도 거침이 없는 것이 부럽다. 친정어머니와 연세가 같으니 더 관심이 간다. 요즘 우리 어머니는 자주 자리에 눕는 시간이 많고 외출을 일체 하지 않으려고 하셔서 가족들이 애를 먹는다. 할머니를 보면서 기원한다. 우리 어머니도 할머니처럼 건강하게 사시기를 바라는 마음으로 인터뷰가 끝날 때가지 자리를 뜨지 않았다. 남들은 그 만큼 사셨는데 괜찮다고 하지만 나에게는 세월이 빠른 것도 야속할 뿐이다.

　친정어머니는 내가 친정에 가면 시인을 축하해야 한다고 나의 시를 낭송해 주신다. 몇 날 며칠을 외웠다고 하시면서 앵-콜을 하라고 주문하시고 또 다른 한 편의 시를 낭송하시면 우리는 박수를 아끼지 않고 어머니는 박수의 여운을 다 즐기신다. 여든 여덟이 되던 해 어느 날, 자기가 일이 하기 싫은 이상한 병에 걸렸다면서 손수 지으시던 밥 짓기를 서서히 그만두셨다. 깔끔하셔서 거의 남의 손을 빌리지 않으셨는데 정말 하기 싫으셨던 모양이라고 생각하고 당신이 하시고자 하는 대로 보기로 했다. 어머니는 멋이 있으신 분이다. 일흔이 되는 해에 대만과 일본을 우리 어머님과 함께 여행했다. 사돈과의 여행이었다. 일본 가이드는 꽤 젊고 자기 일에 자부심이 강한 사람이었는데 어머니는 그 사람과 많은 이야기를 하셨다. 역사에 관해서도 일본말로 거침없이 했다. 가이드는 자기가 만난 사람 중에 가장 품격 있는 일본말을 구사했다고 했다. 1988년 가을이었으니까, 해외여행을 개방한 지 얼마 안 되었을 때의 일이다.

 언니 집과 친정집과의 거리는 기본요금에서 조금 더 추가하면 되는 거리이다. 가까운 거리에 택시를 탄 것도 그랬겠지만, 잔돈 주고받는 걸 보시다가 멋쩍었던지 "내가 취직을 하면 잔돈을 안 받아도 되겠는데 지금은 백수이니 할 수 없다"고 하셨다. 택시기사는 잠깐의 만남인데도 기억이 될 분이라고 하면서 기꺼이 내려서 인사를 하고 떠났다. 어머니는 아흔이 되시는 해에 아흔이 부끄럽다고 하시면서 여든아홉을 두어 번 반복하셨다. 그러다가 서서히 출입도 간섭받게 되고, 스스로 할 수 없는 것에 대해 때때로 우울해 하시는 것을 보면서 우리도 슬프고 우울했다.

나도 마흔이 싫을 때가 있었다. 그래서 누가 물으면 웃기만 했다. 속으로 서른아홉을 두어 번 반복했던 것 같다. 그러고 보면 나는 어머니를 많이 닮은 것 같다. 그쯤 머리에 나는 새치는 나를 힘들게 했고, 한참 배우고 싶은 것도 많은데 나이에 발목이 잡히는 기분이었으니 나에게 나이는 때론 스트레스였었다. 그 시기에 나는 왜 그렇게 배우고 싶은 것이 많았는지 모르겠다. 배우는 것도 많았다.

막내가 초등학교 6학년이었다. 담임선생님으로부터 학교대표로 백일장에 나가달라는 부탁을 받았다. 부산시 서구 교육청에서 주관하는 초·중·고 어머니 백일장인데 많은 참가자가 모였다. 서대신동 내원정사 입구에서 원고지를 나눠 받고 본당 뒤뜰에 앉았다. 운문과 산문 모두 '꽃길을 걸으며'라는 주제였다. 나는 산문을 선택했다. 주제를 두고 망설이긴 했으나 내 인생을 꽃길에 비유하기로 하고 원고지를 메워나갔다. 텔레비전을 보면서 내 또래 여자연예인은 젊고 예쁘다고 했던 푸념을 초반부에 쓰고, 나의 어리광을 가족들로부터 다독임을 받던 일을 중반부에 쓰고, 결미에 거만한 꽃보다 길섶에 핀 아름다운 들꽃을 보며 인생을 걷겠다는 이야기였다. 제출하고 뭔가 배우러 가야 할 시간이었기에 빠져나왔다.

오후 여섯 시쯤 전화벨이 야단스럽게 울렸다. 학교 어머니회 회장은 내 글이 장원이 되었다고 전하면서 참가자 앞에서 산문을 대신 읽은 데 대한 감사를 전했다. 은근히 기뻤다. 교장 선생님도 칠 년 만에 우리 학교의 쾌거라면서 기뻐하셨다. N 초등학교는 사립학교라서 예체능에 관심이 많기도 하지만 그분은 수첩에 좋은 글귀를 써서 외우기를 즐기는 분이셨기에 기쁨을 더 표현하셨는지 모른다. 전교 조회 때 상장 전달식을 하겠다며 꼭 참석해 달라는, 그 말을 들은 막내는 부끄럽다고 오지 말라며 신신당부했다. 그러나 난들 어쩌랴, 이미 엎질러진 물. 월요일 아침에 나는 아이들의 박수 소리를 들으며 높은 단상에 서 있었다.

단상은 생각보다 높았다. 아이들이 훤히 다 보이고 모두 나를 향하여 반짝이는 시선을 모았다.

"여러분, 백일장에서 제일 큰 상이 무어죠?"

그 말이 떨어지기가 무섭게 귀여운 새들이 짹짹거리듯 입을 모아서 대답했다.

"장원이에요~"

막내가 친구들과 함께 박수를 신나게 치고 있었다. 막내 모르게 학교도서관에 동화책 몇 부를 기증하고 나왔다. 이런 소식을 친정어머니에게 전했더니 때를 기다렸다는 듯이

"그래, 니는 할끼다"

라며 좋아하셨다.

내 고향 통영은 유달리 고개가 많다. 그 당시 우리 집은 토성고개가 내려다보이는 태평동에 있었으며 마당이 꽤 넓었다고 기억된다. 어

느 날 마당에서 놀다가 마당 끝 언덕에 서서 어머니를 유달리 불러서 가보니 자동차가 울고 간다고 하더란다. 자동차가 그리 많지 않은 시절이었는데, 엔진이 오래되었든지 그날 언덕을 넘어가던 자동차는 어머니의 귀에도 우는 것 같았다고 한다. 여섯 살 때였다고 한다. 그 후, 학창시절에 글만 썼다고 하면 '그래, 니는 할끼다'는 한 마디의 응원에 정말 뭐가 될 것 같은 기운을 느낄 때가 많았다. 혹시 피그말리온 효과를 어머니는 아셨던 게 아니었을까?

장독대

 장독은 짐이다. 이사하면서 버리거나 줄여야 될 목록에서 1번을 차지하여 거의 다 없애고 여섯 개를 가져 왔다. 끝 층이라서 옥상 가는 길 모서리에 두 줄로 포개 두었다. 그것도 짐이라고 한번 씩 눈여겨보고 눈도장을 찍기도 했는데 눈에서 멀어지면 마음에서도 멀어진다고 한동안 잊고 있었다. 지인의 집들이에 갔다. 예쁜 독이 눈에 띄었다. 길목에 둔 독이 생각나서 돌아오자마자 찾아보니 자리가 훤했다. 두 개가 사라졌다. 밖에 둔 것은 버리는 것과 마찬가지지만 왠지 서운했다. 얼른 남은 것 네 개를 집 안으로 들여놓고 마른행주질을 했더니 반질반질 윤이 났다.
 베란다 화분들을 이리저리 정리하니 모서리에 공간이 생겼다. 장독은 몸이 둥그니까 좁은 공간에서는 모서리가 제자리다. 의외로 운치가 풍긴다. 버리지도 못하면서 용만 쓰고 챙길 바에야 보이는 곳에 두니 마음도 편하다. 가만히 쳐다보고 있으니 옛 마당이 떠오른다. 부엌 앞의 장독대에는 장독이 키 큰 순서대로 줄줄이 놓여있었다. 직사각형의 장독대는 마당보다 높았는데 한쪽은 옆집과 경계가 되는 담장이고 한쪽은 꽃밭의 경계였으며 다른 한쪽은 대문을 보고 있었다. 우리 집의 중심은 장독대였다. 햇살이 보기 좋게 굴러다니는 날에는 장독뚜껑 위에 보리밥을 비운 대바구니도 어머니 손에 몸을 깨끗이 씻겨 자신의 안팎을 햇볕에 맡겼다.

    어머니는 시간이 날 적마다 장독을 닦으셨다. 장독은 닦을수록 반짝거려서 윤기가 자르르 흘렀다. 내가 짙은 고동색을 좋아하는 이유는 그때 윤기 흐르던 장독에 반한 까닭이다. 나는 장독 안이 항상 궁금했지만 건드리다가 깨기라도 할까 봐 아예 장독대에 올라갈 엄두도 내지 않았다. 어머니는 장날에 시장을 봐 오시면 먹을거리는 곧장 장독에 보관했다. 내 마음대로 꺼내지 못하고 어머니나 언니가 꺼내주면 먹을 수 있었는데 웬일인지 홍시는 끝도 없이 나왔다.

    장독대는 물탱크다. 우물은 우리 집에서 골목길을 빠져나가 큰길 건너 있었다. 언니는 학교에서 돌아오면 장독을 열어보고 곧바로 물을 길러갔다. 언니는 물을 한 동이 가득 채워 머리에 이고, 나는 두레박에 물을 가득 담고 언니 뒤를 쫄쫄 따랐다. 집에 닿으면 아무리 조심스럽게 들고 와도 두레박에는 물이 밑바닥에 촐랑거리고 언니 동이는 물이 가득 그대로였다. 물동이 물을 단 한 방울도 흘리지 않고 독 안으로 쏟아 붓는데 얼마나 깊은지 여러 번 쏟아 부어야 독 안이 찼다. 요즘도 장독을 보면 콩쥐처럼 일한 언니가 생각난다.

 나는 장독을 좋아한다. 결혼해서 제일 먼저 장만한 것이 장독이다. 층층이 샀으니 좀 많았을까. 여름에는 땡볕에 앉아있는 옹기에 물수건질을 해서 더위를 식혀주고 겨울이면 춥겠다 싶어서 하나씩 부엌에 들여놓다보면 한겨울에는 부엌 나들기가 어려울 정도로 장독차지다. 그래도 좋았다. 통영에서 이년 정도 살다가 부산으로 이사를 하게 되었다. 이삿짐을 옮기는 사람에게 장독을 잘 부탁한다고 신신당부했다.

 이층 베란다에서 가장 햇볕이 잘 들고 깨끗한 곳을 찾아서 장독대를 만들었다. 남향 벽을 기대고 키 순서대로 놓았다. 바닥을 높게 할 수는 없었지만 그래도 아무나 접근 못하는 금기처럼 보이게 정갈하게 씻었다. 다음 날 어머니가 오셨다. 친정식구는 이사하는 날 같이 가는 게 아니라고 누가 귀 띔 했다. 어장 집에는 금기가 많았다. 어머니는 장독대가 기특한지, 내가 기특한지 하여튼 장독을 일일이 쓰다듬으시며 기특하다고 하셨다.

 이사 한 지 며칠 지나자 옆집 아주머니가 오셨다. 이사 하던 날부터 친절하게 해 주시던 분이다.

 "새댁 살림살이 좀 보자"

반질거리는 장독을 하나씩 열어보았다. 느닷없이 당한 일이라서 불쾌하기도 했지만 첫인상이 좋았던 분이라서 모른 척했다. 그는 혀를 끌끌 차시며 야물다고 한다. 그 이후 우리 집에 매일 와서 아이 키우는 일 등을 도와주고 때때로 장독관리도 하셨다.

몇 해 지나서 G동네로 이사를 하게 됐다. 이삿짐센터에서 물건을 옮겨주지만, 귀한 물건은 손수 옮겨야 했던 시절이다. 그때도 제일 먼저 차에 실린 것이 장독이며 몇 몇 개는 이웃 아주머니들이 손수 머리에 이고 옮겼다. 내가 하도 애지중지 하니까 그랬던 것 같다. 지금 생각하면 가까운 거리도 아닌데 나도 만류하지 않고 그분들도 쾌히 이고 간, 장독이야기는 모여 앉으면 심심풀이 땅콩처럼 가십거리가 되었다.

송도 D빌라에 이사했을 때도 장독대를 만들었다. 그 집은 유럽풍 느낌이 드는 집이었는데 장독대가 어울리지 않을 것 같았지만 그렇지 않았다. 붉은 벽돌에 고동색 장독은 너무 잘 어울렸다. 나에게서 제일 귀하게 대접 받던 장독은 아파트로 옮기면서 장독대와 거리가 생기고 수난이 시작되었다.

"야야, 잘 했다. 비좁은데 어데 둘라꼬? 정말 잘했다"

몇 개 없는 장독을 본 어머니는 그러셨다. 하지만 옥상 길목에 있던 걸 집 안에 들여 놨다고 전화를 했을 때는 이렇게 말을 바꿨다.

"그래, 잘 했다. 장독이 사람 사는 향기를 내니라"

화색 도는 목소리는 듣기도 좋았다.

어릴 적에 본 장독대는 어머니의 코발트였다. 결혼해서는 나의 베란다였던 장독대에서 어머니 흉내를 내며 장독에다 장맛을 떴다. 부지런한 과거가 있는 장독이 이제는 빈 독으로도 앉을 자리까지 만만치 않다. 짐이 아니다. 옛날의 영화를 간직한 추억의 단지로 거듭 난 단지다. 아꼈던 옛 시절처럼 애지중지하며 모서리라도 장독대를 만들어서 장독을 잘 앉혀야겠다.

철쭉꽃 이야기

　베란다에 철쭉 한 그루가 다른 것과 같지 않고 비실비실하다. 십여 년 넘게 그렇게 산다. 봄마다 꽃이 지면 잎사귀는 가지에 듬성듬성 붙어 비실비실하기까지 해서 보기에 흉했다. 그런 이유로 꽃이 지면 곧바로 구석진 곳으로 옮기는 것을 여러 해 반복하면서도 버리는 것은 실천이 어려웠다. 겨울 어느 날부터 날만 조금 따뜻해지면 정말 밖에 버려야겠다는 생각을 했다. 좁은 베란다를 많이 차지하고 있을 뿐만 아니라 미관상에도 좋지 않다는 이유까지 만든 것은 내 마음 편하자고 그런 것이지만 정말 버릴 날만 잡고 있었다. 꽃나무도 귀가 있다. 그렇지 않고서야 겨울이 지나기가 무섭게 꽃망울을 조롱조롱 맺을 수가 있는가.
　참으로 사람 마음은 간사하다. 구석에 둘 때의 마음은 온대 간데없고 서둘러 햇볕 바른 곳으로 옮겨주게 되고 거실에서 보면 시선이 바른 곳에 앉힌다. 더구나 작년 봄에 다른 화분에서 우연히 핀 자운영을 철쭉 화분 위에 얹었는데 올해는 자운영도 한몫 어우러짐의 풍경으로 나를 기쁘게 한다. 진분홍과 연분홍의 어울림이 한 폭 그림으로 베란다에 펼쳐져 있으니 베란다가 봄이다. 여간 예쁘지 않다. 내일 버릴까? 모레 버릴까 하며 번거롭게 생각하던 마음은 물거품처럼 사라지고 이제는 정성을 들여야겠다 싶어 물을 주는 데 신경을 쓴다. 수요일에는 촉촉이 주고 일요일에는 흠뻑 준다. 그랬더니 꽃은 물론이고 잎사귀도 풍성해져서 오동통한 꽃나무가 되었다.

  꽃이 지면 할 일이 다 끝났다고 거의 처박아 놓다시피 한 것을 보기 좋게 반전시켜 화사하게 꽃 피운 나무에 사과하는 뜻으로 가지 끝에 종을 하나 달아주었다. 물을 줄 때나 때로는 일없이도 베란다에 나가 손끝 바람으로 종을 흔든다. 종소리의 여운에 철쭉의 생명력을 깊이 느낀다고 하면 지나친 간사함이다. 간사한 사람이 싫다고 하면서도 흉보다가 배웠는지 나도 모르게 내가 하는 짓에 놀란다. 꽃나무한테 사과하지만 이미 간사한 꼴을 다 보여주었다.

  간사한 마음은 간사한 것에 또 녹을 붙인다. 바람에 꽃봉오리 하나라도 다칠까 봐 옆 창만 삐죽이 열었다가 곧바로 닫아 주고, 오직 철쭉꽃을 위한 배려공세를 펼친다. 먼저 핀 것은 먼저 시들기 마련인데 그대로 두지 못하고 가지에서 시들해지기 전에 꽃을 따서, 넓은 접시에 물을 부어 띄워놓고 며칠 더 보기를 즐긴다. 철쭉꽃은 만지면 향기랄 건 없지만 야들야들하게 손끝에 닿는 촉감이 명주를 만지는 느낌이다. 아니, 명주보다 약해서 만지기만 하면 퍼렇게 멍이 든다. 그런 줄을 알면서도 꽃잎을 만지고 싶다. 만지면 그만큼 빨리 시들어버리는 것을 뻔히 알면서도 참지 못하고 하는 짓을 사랑이라면 변명일까. 사랑도 지나치면 병이라고 했는데 나도 사랑 병에 단단히 걸렸다.

올해 유난히 철쭉꽃에 시선을 놓지 못하는 것은 아마, 친정어머니가 좋아하셨던 꽃이어서 더 그런가 보다. 이층 양옥집 마당은 아담하고 양쪽에 꽃밭이 있었다. 꽃밭을 에워싼 돌 틈으로 철쭉이 꽤 많아서 봄이 되면 앞집, 옆집, 건넛집 할 것 없이 꽃구경을 왔다. 봄날에는 자연스럽게 이웃과 커피를 마시는 여유를 철쭉꽃이 마련해 준 셈이다. 철쭉꽃이 꽃밭을 에워싸기 시작하면 친정어머니도 오셨다. 두 살 터울의 사내아이 셋을 아장아장 키울 때였으니 막내딸이 걱정되어 오셨겠지만 지금 생각해 보니 철쭉꽃을 유난히 좋아하신 까닭도 있었던 것 같다.

어느 날 꽃꽂이를 하려고 전지가위를 들고 철쭉꽃을 이리저리 훑어보고 있었다. 둘째를 데리고 놀이터에 가셨다가 마당에 들어서면서 내 폼을 보고 깜짝 놀라시며 "이다지 예쁜 꽃을 꺾어 뭐할래? 얼른 그 가위 나한테 주거라." 가위를 뺏는데 너무 단호해서 내가 더 놀랐다. 속으로는 별걸 가지고 흥분하신다는 마음이 들면서 꽃 꺾는 일을 그만두었다. 그렇지만 그날 은근히 화가 난 나는 어머니에게 나보다 꽃을 더 좋아한다고 어리광 같은 시위를 했더니 화사하게 웃으시며 마당에 꽃 보러 나가자고 달랬다. 우리 모녀는 알콩달콩 지지고 볶는 소리를 자주 냈다.

어머니는 평소에도 꽃무늬 옷을 즐겨 입으셨는데 그중에서도 진분홍빛이 좋다고 하셨다. 노환으로 병이 호전되지 않아 자리에 누워 계실 적에도 항상 진분홍빛 옷을 찾으셨다. 어머니가 진분홍을 좋아하게 된 연유는 모르지만, 꽃무늬가 없으면 바탕색이라도 그 빛깔을 즐기시는 것은 유별났다. 이제 궁금해진 그것을 물어보기에는 때가 늦었다. 내 논문이 한 해 늦춰졌을 때 "태산이 높다 하되 하늘 아래 뫼이로다" 하시며 끝까지 해보라 하시던 어머니에게 다음 해에 사각모를 씌워드렸다. 돌아가신 후 아기 손바닥처럼 고운 액자에 그 모습이 담긴 어머니 사진을 모실 때 눈에 띈 것은 진분홍빛 옷이었다. 새삼 어머니를 느끼며 가슴에 안았다.

어머니는 막내딸이 씌워 준 사각모가 어울리던 한 해를 보내시고 다음 해 이른 봄날에 돌아가셨다. 마지막 이별을 하는 곳에서 지금껏 본 꽃신 중에서 제일 예쁜 꽃신을 신으신 어머니를 보았다. 울음을 멈춰야 한다기에 멈췄지만 아마도 아름다운 꽃신에 놀라서 울음을 삼켰는지 모른다. 단정하신 어머니에게 너무 잘 어울리던 진분홍빛 꽃신을 신으시고, 계시는 그 세상은 어디쯤인지 알 수 없지만 봄마다 철쭉꽃 나들이를 즐기셨으면 좋겠다.

삶도 과학이다

검은색 계통의 양복에 흰 셔츠는 푸른빛이 돌 정도였다. 전교 조례 때 단상에 선 낯선 선생님의 이미지는 깔끔하여 모두 수군거리며 호감을 보였다. "2학년 1반 담임"이라고 발표되자 와! 하는 소리가 군데군데 터졌다. 내가 어려워하는 과학 담당이다. 작은 키에 고슴도치 머리 모양이 어울렸고 사관생도처럼 절도 있게 걷는 모습은 여학생들에게 회자거리였다. K 대 출신이 자주 하는 서울말은 하루아침에 유행어가 됐고 눈이 부리부리한 총각 선생님의 인기는 날마다 상종가를 쳤다. 한때 서울말 유행어가 난무했다.

우리 반은 환경미화라든지 반별 배구대회라든지 뭐든 석권하지 않은 것이 없었다. 어느 날 웅변할 학생을 뽑는다고 했다. 아이들은 갑자기 어수선해지면서 누군가를 지명해야 하는 것처럼 서로 등을 떠밀며 한동안 출렁거리다가 갑자기 쥐 죽은 듯이 조용해지는 것이다. 침묵하고 계신 선생님을 하나, 둘 …… 눈치 채기 시작했다. 폭풍 전야의 침묵이다. 선생님은 열정도 있으시지만 화를 내시면 부리부리한 눈초리가 매서웠다. 심하게 떠들면 운동장에서 귀 잡고 뛰는 단체 토끼뜀을 시키는데 두 번 할 수 없는 곤욕이었다. 말없이 조용한 시간이 흘렀다. 친구들은 모두 자기 탓인 듯이 마음속으로 자책하는 눈빛이 역력했다. 마치 교실에는 침묵만 있는 것 같았다.

침묵도 길면 지루하다. 친구들의 헛기침이 여기저기서 나왔다. 선생님은 탁자를 탁탁 두드리며 주의산만을 집중시켜 놓고 우리가 추천하지 않으면 추천하시겠단다. 즉시 내가 추천되었다. 웅변을 해 본 적이 없어서 너무 뜬금없었으나 못하겠다는 말은 못하고 속으로 끙끙 앓았다. 얼떨결에 박수까지 받았다. 농구는 포드로서 슛을 잘 넣는 대표선수고, 배구는 포지션 정도 지킬 수 있지만, 웅변은 아닌 밤중에 홍두깨 맞는 기분이라 얼떨떨하기만 했다.

그날부터 연습에 들어갔다. 원고를 외우는 것은 기본이었고 외운 부분에서 제스처를 해야 하는데 부끄럽기도 하고 어려웠다. 클라이맥스에서 두 손을 높이 들고 목소리의 톤도 최고로 높여야 하는데 자연스럽게 하기가 쉽지 않았다. 선생님은 하나하나 꼼꼼하게 지적하시고 나무라기도 하셔서 지적당하기 전에 잘해야 한다는 생각에 웅변 속으로 빨려 들어갈 수밖에 없었다. 사흘, 이틀 드디어 카운트다운

이 끝나던 날 강당에는 교복을 단정히 입은 선·후배들로 꽉 메워졌다. 선생님은 강당 뒤쪽에 나와 눈을 잘 마주칠 수 있는 곳에서 사인을 보냈다. 원고에 따라 달라지는 액션을 취해 주셨고 그 결과로 학교 대표라는 영광을 안았다.

　학교 대항은 C초등학교 강당에서 한다. C초등학교 강당은 우리 학교 강당보다 넓었고 단상은 높아 보였다. 원고는 담임선생님이 써 주셨는데 6·25에 관련된 내용이었으며 참으로 리얼했다. 그 당시는 '반공'이나 '방첩'이 웅변의 주제였으며 웅변은 학교마다 비중을 크게 두고 하는 연례행사였다. 선생님은 어느 부분에서 소리를 올려야 하고 어느 부분에서는 소리를 잔잔하게, 어느 부분에서는 소리를 사정없이 팍 내려야 하며, 최고조에서는 두 손을 어떻게 해야 하는지 상세하게 가르쳐 주셨다.

　시합 날은 최고의 컨디션이었다. 선생님이 일일이 찍어 주신 대목에서 박수 소리가 나올 수 있게 최선을 다했으며, 원고의 숨소리마저 완전하게 소화해 냈다. 하지만 결과는 예상 밖이었다. 이유는 내가 직접 겪지 않은 것을 직접 겪은 것처럼 했다는 것에서 점수가 깎였다. 나는 6·25를 직접 겪지 않았다. 그렇지만 최고조의 대목에서 경험처럼 말한 것이다. 아직도 기억에 생생한 것을 드러내면 다음과 같다. "피비린내 나는 동족상잔의 비극을 맛본 내가, 또다시 이 자리에서 반공 방첩의 사상을 외쳐야만 하는 현실을 나는 슬퍼합니다." 두 손을 사선으로 높이 치켜 올린 대목이다. 박수 소리는 엄청났다. 좋은 결과를 기다렸던 선생님은 심사석에 항의하러 가셨다가 오해를 푸시고 수긍하였다.

웅변은 운동 경기와 달랐다. 농구는 선수나 관중이나 모두 점수를 확인해 가며 즐긴다. 웅변은 혼자서 하는 것도 힘들지만 원고 외우기에서 제스처까지 완벽해야 하는 종합예술이라는 생각을 떨쳐 낼 수 없었다. 선생님도 안타까워하시고 당신 탓이라고 하시며 서운함을 오래도록 가지셨다. 선생님의 추천으로 나의 경험을 하나 더 쌓게 된 아름다운 대회로 남았지만 경기는 좋은 점수를 내야만 빛이 난다. 싱싱한 날계란을 먹으면 목이 트인다고 아침마다 나 혼자만 먹은 것이 한 판도 넘었으니 우리 식구들에게도 미안한 마음이 내내 들었다. 하루에 계란 한 개만 먹어도 호강한다던 시절이었으니.

날계란의 힘은 나중에 발휘되었다. 교환 학생들에게 한국어를 가르칠 때 가끔 웅변 경험을 이야기해서 학생들과 함께 웃곤 한다. 또한 이주여성들에게 한국어를 가르칠 때의 표준말 쓰기와 말의 억양에 대한 지식은 웅변의 경험이다. 선생님은 표준말을 쓰셨다. 우리가 말끝을 올리면서 흉내를 내면 표준말은 말끝만 올리는 게 아니라고 하셨다. 나도 학생들에게 똑 같이 말한다. 웅변의 결과로 마음은 오래도록 아팠지만 성장의 속도를 빠르게 한 것은 틀림없다.

"밀폐된 액체의 어떠한 부분에 가해진 압력은 같은 세기로 모든 부분에 전하여진다." 파스칼의 원리를 외우면서 선생님을 떠올린다. 파스칼의 원리는 가득 채운 목욕물 안에 내가 들어갔을 때만 적용되는 원리만은 아니다. 삶에 분노가 없지 않다. 파스칼의 원리를 생각하면 그 분노를 다스리지 못하면 일파만파로 전해지는 가슴앓이가 있을 것이기에 홀로 다스리기로 한다. 때로는 삶도 과학이라는 것을 깨닫는다.

언니와 동생

 언니는 참 편하다. 나는 언니가 네 명이나 있으므로 언니라고 부르기만 했지 불릴 일은 거의 없었다. 나의 성장 때 호칭은 집에서 막내였다. 이름 대신에 불리던 막내는 '언니' 소리를 듣는 것이 소원이었는데 사촌들과 만나도 언니라고 불러야 될 사람이 더 많았다. 동생은 고종사촌 둘, 이종사촌 한 명이다. 우리들은 명절에나 잠시 볼 뿐이어서 나의 로망인 언니소리를 많이 듣지 못했다. 그렇다보니 누가 언니라고 부르면 겉으로 어색하고 쑥스럽기까지 하다. 그러나 나의 속마음은 '언니'라고 불러 주기를 바란다.
 학교 후배에게 선배는 모두 언니다. 그러나 모두 부르는 언니가 아니라 자매처럼 부르는 그런 사이를 나는 원한다. 결혼하면 손아래 동서가 형님이라고 부른다. 형님이라고 부르면 왠지 어깨가 무거움을 먼저 느낀다. 언니와 형님에서 풍기는 어휘의 느낌은 언니는 손을 잡아주고 형님은 어깨를 툭툭 쳐 주는 느낌이다. 또 있다. 언니는 은은하고 향기롭고 다정다감하다. 나는 그 만큼 언니가 좋다. 이렇게 좋은 언니를 식당에 가면 예사로 부른다. 나도 모르게 언니가 된다. 일반 식당에서는 손님도 언니, 종업원도 언니, 언니 판이다. 언니의 향수를 깨고 언니가 된 것의 억울함을 어디에다 대고 신문고를 칠까.

 몇 해 전까지 '사장님' 부르면 다 돌아보던 때가 있었다. 사장님이라고 부르면 모두 좋아하니까 그랬던 것이고 어쩌면 모두 사장님처럼 열심히 일하던 시절이었으니 마땅한 호칭이었는지 모른다. 사장님은 남자의 대표호칭으로 언니는 여자의 대표호칭으로 사전에 등재되지 않을까 걱정이다. 사장님은 돈을 잘 쓰라는 뜻이고, 언니는 다정한 표현으로, 식당에서는 맛을 이해해 달라는 애교로 불리는 것 같다. 그뿐만 아니다. 종업원이 언니라고 부르면 입맛이 까다로운 주부손님의 입도 다 막아버리는 일거양득의 효과가 있다.

 유경이가 언니라고 부른다. 우리는 사회에서 만나 여러 해를 의좋게 지내다가 언니와 동생이 되기로 약속한 사이다. 유경은 말이 없는 편이다. 이야기는 주고받아야 맛이 있는데 싱긋이 웃고 듣고만 있어서 "너 듣고 있니?" 하고 물을 정도이다. 대답도 느리다. 대답이 느리다고 말하면 "그래요?" 하고 씩 웃고 "안 그런데……." 그러면 끝난다. 행동도 느리다. 내가 앞서면 따라 오는 편이고, 통화 중에도 "음,

있죠……." 그렇게 시작하면 내 시간으로는 한참 기다려야 다음 말을 들을 수 있다.

　우리 언니는 나에게 언니라는 건 좋은 것만 있는 게 아니고 불편한 게 많았다고 한다. 유년시절에는 더 그랬단다. 여동생 둘이 서로 따라 다니려고 하는 바람에 다른 친구들과의 약속도 지키지 못할 때가 많았고 영화를 보러 간다거나 하면 집을 나서기 전에 분위기를 확인하고 나와야 했단다. 그 뿐이었으면 오죽 좋았을까. 여름방학 때는 해수욕장이라도 가려면 전날에 미리 수영복 등을 챙겨 놓아야 했고, 눈치 빠른 동생들이 미리 대문 밖을 따라 나서서 설득하는데 애를 먹었던 이야기를 하면서 언니와 동생은 폭소를 터트렸다.

　해수욕장에 데리고 가도 나는 문제였다. 친구들과 헤엄치며 놀아야 하는데 헤엄도 못 치는 나를 챙겨야 했으니 나는 그때 언니를 짜증나게 하는 심술꾸러기쯤 되었던 것 같다. 막내는 막내라고, 막내보다 네 살 많은 동생은 동생대로 언니에게 미루는 일이 많아서 날마다 어머니를 돕는 집안일은 도맡았다는 걸 나도 기억한다. 그때 좋았던 언니가 지금도 좋다. 언니가 듣기 민망한 이야기를 해도 언니의 추억 안에 내가 있는 것은 기쁜 일이다.

　유경은 내가 언니를 귀찮게 채근거린 것처럼 안 하지만 부산에 오면 어디를 같이 가자고 한 시도 가만있지 못하게 한다. 나도 늦게나마 유경이 언니가 되었으니 값을 해야 한다. 내가 거절 못 할 걸 알면서도 말해 놓고는 헤헤 웃으며 "언니가 참 편하네" 하며 먼저 나선다. 나는 게으른 편이다. 주말에는 집에서 뒤척이기를 원하는데 유경이는 가끔 주말에 대전에서 내려오면 게으름을 팽개치고 따라 다녀야 한다. 올봄에는 꽃구경을 가자고 왔다. 가까운 곳에 유명한 유채밭이 있는데 언니는 틀림없이 안 가 봤을 거라고 점을 쳤다. 점은 딱 맞았다.

유경이의 가방과 차에는 언제나 카메라가 앵글을 맞출 준비를 하고 있다. 언니라고 다 좋은 것만은 아니라고 호사스런 투정을 하면 그냥 싱긋 웃기만 하는 동생이다. 유채꽃밭에서 나는 유채꽃이 되어 준다. 나를 앞세워 꽃밭에 들여놓고 가서 앵글을 이리저리 맞추며 포즈도 이렇게 저렇게 하라고 하니 유채꽃보다 더 흔들리는 꽃이 된다. 사진작가의 기질을 유감없이 발휘한다. 시간이 지나면 내가 더 좋아할 걸 뻔히 아는 동생은 나에게 약속을 받아내는 센스는 탁월하다. 공고히 해 둔 내 개인의 약속은, 유경이의 뒤늦은 약속 청탁에 속수무책으로 무너지니까.

참 고마운 일이다. 동생이 알아서 척척 해주니까 차일피일 미루었다가 꽃이 질 때 되었는데 가지 못하고 있는 언니를 위해 먼 길을 온다는 게 쉽지 않은 일이다. 설령 친척 결혼식이니 뭐니 해서 겸사 겸사라도 그렇다. 언니와 동생이라는 조약을 맺어 둔 것이 얼마나 잘한 일인지 유경이 올 때마다 느낀다. 동생이 잘 보는 카드 점, 타로를 펼친다. 우리는 늦은 시간에 같이 웃을 일을 만든다.

유경은 올 시월에 딸의 결혼 날을 잡아 두었으니 예비 장모이다. 그림 공부를 하는 혜진이가 뉴욕에서 유학하는 중, 남편이 될 청년을 만났다. 이탈리아계 미국인인데 아주 유능하며 한국을 무척 사랑하는 사람이란다. 예비 장모에게 전화를 자주 하는 모습도 미쁘겠지만 혜진이의 근황을 사사건건 잘 알려주니 예비 장모는 거듭 반하는 모양이다. 유경은 서울의 모 호텔에서 전통예식을 올리기로 예약해 놓고 어떻게 한국을 알릴까 고심한다. 아들 셋을 결혼시켰지만 결혼이라는 말은 언제 들어도 낯설다. 그 낯선 일을 동생이 해내려고 하다니 참 대견스럽다. 계획도 일반과 남다르게 서울 시내 투어와 경주 투어를 사돈과 할 예정이란다.

'따르릉, 따르릉.' 유경이가 뉴욕으로 딸을 데리러 간다고 공항에서 온 전화다. 철이 많이 들었다고 하니 웃는다. 결혼일이 막바지에 왔다.

언니와 동생이라는 사이는 편하다. 미주알고주알 이야기 할 수도 있고 밤늦은 시간에도 "언니" "동생"하면서 속 깊은 이야기를 해도 된다. 언니와 동생 사이는 소통이 안 되는 것이 없다. 그래서 사회 전반으로 확산되어 가는 호칭이 아닐까. 지금 나는 언니로서 호사를 누리고 있는데 유경이도 동생이 된 것을 호사라고 여기기를 은근히 바란다.

더 살아보고

무식이 용감하다. 시집을 출간하면 당연히 출판기념을 해야 하는 줄 알았다. 1996년 8월 마지막 날에 시집 『밤에 쓰는 詩』 출판기념회를 D호텔 2층 넓은 공간에서 준비했다. 백 명에게 초대장을 보냈다. 그 당시 고향에서 활발하게 창작활동을 하던 K 수필가가 조언을 해주었기도 했지만 그녀가 몸과 마음을 다 내어 움직여주어서 모든 일이 술술 풀렸다. 우리 둘은 이야기보따리를 풀면 시간 가는 줄 모르는 사이다. 문학뿐만이 아니라 그림에서 음악까지 우리는 입으로 즐기기도 하고 피아노 치는 솜씨가 보통이 아닌 K는 라이브로 노래까지 곁들여 주기도 했다.

출간할 계획을 K에게 알리려고 고향을 찾았을 때, 그녀는 쌍수를 들고 환영한 것은 물론이고 한학자인 C 교수의 생각도 빌려 주었다.

C 교수는 그 당시 진주 K 대학교에 재직 중이셨는데 K 수필가의 열렬한 팬이기도 하셨다. 나의 첫걸음을 고향에서 하지는 못하지만 고향사람과 하고 싶다는 뜻을 아신 K 교수는 격려를 아끼지 않으셨고 프로그램을 짜는데 동참하겠다고 쾌히 승낙해 주셨다. 평소에도 내가 하는 일은 무슨 일이든지 말만 비추어도 잘한다, 잘했다 하는 수필가 K는 내 바로 위 언니와 동창이지만 나와 더 친했다. 고향에서 천군만마를 얻었다. 개선장군처럼 돌아왔으나 남편에게 아직 확답을 받지 못했으므로 살얼음을 걷는 기분으로 눈치를 살펴야 했다.

뜻밖에 반격은 심했다. 마련한 프로그램을 본 남편이 무산시키자고 제의를 했다. 집에서 글만 쓰면 안 되겠냐고 하면서 몇 날 며칠을 시위하는데 기가 찰 노릇이었다. 꼭 시인이 되어야 하는지 깊이 생각해 보라는 데는 할 말이 없었다. 꼭 시인이 되어야 할 이유가 없었다. 가족을 구할 힘도 없는데 무슨 힘으로 누구를 구할 것처럼 나서겠는가. 하지만 해보고 싶은 것을 접지 못하겠다는 것이 내 생각이었으니 결심이 아니고 무엇인가. 안 한다고 해서 "가족을, 나라를 구하는가?" 반문한다.

시인은 혼자 글 쓰는 사람인 줄 알았다. 시집을 내면 출판회를 해야 하는 원칙이 있다고 생각했다. 지금 생각하면 설혹 있다하더라도 굳이 그 원칙을 따르려고 감행했는지, 가끔 미소에 빠진다. 남편의 만류가 심했던 관계로 화환은 거절해야겠다 싶어서 보내겠다고 하는 분들에게 사양의 전화를 올렸다. '시인이 되려면' 어떻게 해야 한다는 문건을 본 적도 읽은 적도 없지만 시인이 되려면 어떻게 해야 되는지는 시를 만나고부터는 가끔 내 자신에게 화두를 던졌다.

  그날, 비가 슬슬 오고 바람이 오락가락하며 집에서 나오기가 망설여지는 날씨였다. 막내가 중학교 삼 학년이었는데 우리 다섯 식구만 오는 게 아니냐고 걱정을 태산같이 했던 터라, 한 사람씩 자리를 채워가니 여간 안심이 되지 않았다. 나중에는 자리가 없어 서 있는 사람이 많아서 마음이 쓰였다. 나의 사인을 받겠다고 줄을 섰다. 정말 생각도 못한 진풍경이 벌어졌지만 감사할 따름이었다. 행사가 끝나자마자 식사자리를 더 만드느라 부산을 떨었으나 모두 자리를 뜨지 않고 기다려주고 축하도 아끼지 않았다.

  참으로 완벽한 오케스트라를 보았다고 초등학교 친구가 엽서를 보내왔다. 고마운 일이었다. 전업주부가 쓴 시집은 그 자리에서 날개 단 듯이 나갔으니 나는 달랑 한권만 가졌다. 시집표지는 서양화가이신 삼촌이 그려 주셨고, 서문은 박재삼 시인이 써 주셨는데 시인은 다음 해 여름에 돌아가셨다. 시평은 현재 마산 C 대학교 문예창작 L 교수님이 하셨다. 표지그림은 나의 보물이다. 나는 그날 참석한 사람들 모두가 시였다고 표현하고 싶다.

  아들 친구의 엄마, 평소에 잘 웃던 이웃 집 사람이 시를 썼다고 하니까 궁금했을 것이다. 이백팔십여 명의 사람들이 보여 준 격려에 보답하는 길을 모색해보니 공부하는 길이었다. 다음 달 구월에 학원에 수강신청을 했다. 나를 잘 아는 이웃이, 우리아이 키우듯이 자기 아이를 키워달라고 맡겨서 과외를 하고 있던 참이었고 학교는 오래 전부터 꿈꾸던 곳이었다. 울고 싶을 때 뺨을 제대로 맞았다. 시는 나에게 다른 세계로 향한 돌파구를 열어 준 셈이다.

  이날을 기점으로 학교 길의 종주는 시작됐다. 돌아보니 학부 때 휴학 1년 하고, 석사 기간 중에 휴학 1년 하고, 몇 년 쉬었다가 박사 학위 취득하기까지 거의 십오 년이라는 세월이 신라의 터에서 흘렀다. 누가 뭐래도 나는, 나의 길을 내가 선택했다고 말하고 싶다. 돌이켜 보면 시가 아니었으면 그 길을 갔을까. 나의 첫 출판을 축하해 주신 분들에게 보답하기 위한 그 무엇이 학교 가는 길이 되고 말았다. 혼자 가는 길은 외로웠다. 그러나 지나고 보니, 그 당시의 상황을 극복하는 길이었으니 얼마나 다행인가. 통화하면 나의 시를 일일이 짚어서 칭찬을 아끼지 않던 분은 예나 지금이나 부산 영도에 사시는 해자 언니다. 지금까지 단 한 번도 제대로 대접해 드리지 못해 미안한데 농담으로도 서운한 티를 내지 않으신다. 아직까지 얼굴 한 번 보는 것으로도 나의 힘이 됨을 여기에서 밝힌다.

  무식은 나를 참으로 용감하게 견디는 것까지 책임을 져주었다. 아이들이 제자리에서 묵묵히 있어 준 것도 나의 무식을 견디게 한 힘이었다. 힘이라는 게 권력이었으면 내가 사랑하는 지금의 나는 없었을 것이다. 생각만 해도 아찔하다. 권력을 노리개인양 달고 다니는 모습이 타자의 모습이기에 얼마나 다행인가. 십오 년의 종주가 끝나는 날, 오래도록 울었다. 막연하게 몰려오는 허전함을 눈물로 대신했다.

  출판기념회 다음 날 고향의 뿌리 신문인 H 신문사에서 전화가 왔었다. 여 기자였는데 취재를 하고 싶다고 했다. 놀란 마음을 진정시키고 "더 살아보고" 하겠다고 했더니 아쉬움을 전했다. 내가 살면서 잘 한 일이 있다면 그 순간을 잘 넘긴 것도 꼽힌다. 그 후 지금까지 인터뷰하자는 제의는 없었다. 만약 그때 인터뷰를 하면서 어떤 약속을 했다면 나의 부끄러움은 어찌 되었을까. 그 당시 시인이라는 자기소개가 그나마 부끄러운 줄 알았기에 오늘, 그 기억을 꺼내며 추억 소일을 해도 아름다운 게 아닐까. 지금도 그 날의 시인처럼 시인이라고 말해야 할 때가 가장 어렵다.

  마흔 갓 넘은 병아리 시인에게 인터뷰를 요청한 여 기자의 목소리는 아직 귓속에서 쟁쟁하다. 때때로 단호하게 거절한 인터뷰를 은근히 기다린다. 만약 그런 날이 온다면 "더 살아보고" 라고 말하는 건 이제 안 된다. 나이 든 사람이 어지간히 오래 살고 싶은 내심을 보여주는 꼴이라서 그렇다. 더 살아 본 것을 이야기 할 준비를 해야 한다고 생각하면서도 더 살아보고의 답을 구하지 못한 내가 참 딱하다.

목욕

여름이면 충렬사 뒷산 등줄기를 줄기차게 흘러내리는 시냇물을 찾아서 물장구를 치고 놀았다. 주변 논에는 올챙이 천지였다. 언니가 삶은 빨래를 넓적한 돌 위에 놓고 치대거나 방망이로 두드리면, 나는 그 소리를 장단 삼아 첨벙첨벙 뛰었다. 풀 섶에 숨었던 풀벌레는 놀라서 달아났다. 개구리가 개골거리는 시간이 되기 전에 햇볕이 바른 돌멩이에 빨래를 널어놓는다. 눈에 띄는 곳에 널어 두는 것은 인기척과 같다. 이곳으로 빨래하러 오는 사람에게 함부로 들어오지 말라는 금줄 같은 신성한 역할을 한다.

목욕은 은밀하게 시작된다. 바깥의 눈치를 살피면서 내 머리가 감겨질 때까지는 은밀함의 연속으로 고분고분 말을 잘 듣는다. 팔과 등을 밀면 엄살이 심한 나는 찰찰 흘러내리는 물소리보다 더 큰 소리를 질러 산의 고요마저 깨웠다. 둘의 실랑이는 쉽게 끝나지 않았다. 엄마의 엄명을 잘 받드는 언니는 작정을 하고 머리끝에서부터 발끝까지 나보다 본인이 마음에 들도록 씻겼다. 언니 등을 밀어 줄 차례다. 젖 먹던 힘까지 다해서 밀어도 팔 힘은 왜 그리 힘없이 빠지는지 몰랐다. 언니 등은 넓어서 두 손으로 밀어도 헉헉댔다. 언니 등에 물 칠만 하면서도 힘에 겨워 돌에 미끄러지고 자빠지고 가관이었다. 한바탕 웃다가 기우는 해를 보고 골짜기를 빠져나온다.

재작년에 결혼한 둘째가 아들을 봤는데 산후조리원에서 집으로 돌아온 이후 퇴근하면 아기 목욕시키는 일을 한단다. 각시가 손목이 여물지 않았기 때문이라는 후문이다. 혼자서 과학적인 손놀림으로 하는데 아기가 아주 편안해 한다고 넉살을 부린다. 목욕시키는 것이 쉽지 않다. 등 한 짝 밀면서 기진맥진했던 나의 목욕은 오랜 시간을 통해 진화했지만 아들의 목욕기술은 이미 진화가 되어 있어야 손자가 편할 것이다. 며칠 전 방송국에서 실시한 여론조사에서 남자는 육아의 고충이 1위라고 했다. 아직 고충으로까지 전이되지 않았겠지만 웃음꽃 속에 피곤이 들지 않기를 바란다.

나의 걱정을 느꼈는지 며느리에게서 전화가 왔다. 요즘은 둘이서 목욕을 시키는데 정빈이가 여간 좋아하지 않는다고 한다. 다행이다. 목욕한 후에 '아, 시원하다'는 아기의 표정사진을 카톡으로 보내 왔다. 시어머니가 무서워서 증거로 보낸 건 아니지만 무척 신경이 쓰였던 모양이다. 순간 포착을 보며 '아, 시원하다'는 영탄이 저절로 느껴진다. 최고의 연기자도 감히 해낼 수 있을까 싶은 옹알이의 표정연기에 감탄의 연발도 아깝지 않다. 목욕은 아기에게도 엄청난 기쁨인 것 같다.

언니는 친정어머니와 목욕을 자주 한다. 내가 친정에 가면 목욕탕에 셋이 가는 일이 행사다. 자매는 어머니 양 옆에 앉아서 어머니의 대야에 물이 풍족하도록 신경을 쓴다. 셋이서 목욕하면 평소에 언니가 해주던 어머니의 머리감기는 일을 내가 하고 한 팔씩 언니랑 씻겨드리다보면 매우 흡족해 하신다. 어머니의 즐거움 중에 하나인 셋이 하는 목욕은 어머니가 우울해 하실 때 이벤트로 사용된다. 그럴 때는 번개팅 못지않게 번개 튀기듯이 목욕날을 잡는다.

몸 씻는 의식은 사월 초파일에도 한다. 관욕이다. 불교의 연중행사 가운데 가장 큰 명절에 청정한 감로수로 아기 부처님의 몸을 씻는 의식인데 부처님 오신 날 주요 의식 중의 하나다. 관욕은 불교와 인연을 맺어 마음속의 번뇌와 때를 씻고, 깨끗하고 맑은 생활을 하겠다는 다짐이다. 불교도든 아니든 이날에는 불교적 의미의 지혜를 밝히는 상징성이 있는 몸을 씻는 관욕행사에 참여하는 사람들이 많다. 나도 그 중의 한 사람이다. 올해도 해거름에 집에서 가까운 절에 가서 행했다. 숙제처럼 하는 일이 죄송하지만 돌아오는 길은 가볍다.

문우 중에 가끔 목욕을 같이 하는 사람이 있다. 목덜미를 밀면 고개를 숙여야 한다. 몸을 씻으면서도 고개를 숙여야 하는 일이 있다는 것에 목욕의 의미를 더한다. 서로 등을 밀어 준다. 스킨십을 하는 사람은 살아가면서 몇이나 될까. 가족이 아니면 어려운 일인데도 우리는 목욕을 명절 행사처럼 한다. 서로의 등을 밀면서 만나지 못한 많은 시간을 침묵으로 이해하는지 모른다. 목욕을 같이 하는 스스럼에는 Y와 보이지 않는 진한 인연이 있는 게 아닌지 짚어 본다. 따끈한 목욕물이 피로를 푼다. 목욕이란 서로에게 숨김이 없다는 뜻을 애써 포함한다면 나와 Y는 정말 그럴까를 깊이 생각해보게 되는 그녀와 목욕하는 시간이다.

평소에 목욕을 가면 시간을 풀어 놓고 있지 못하고 나오기가 바쁘다. 목욕탕에서 여유를 즐기는 사람들이 부러워야 하는데 그렇지 않다. 마음 급한 병이 있는지 서둘러 나온다. 한증탕, 소금탕 등은 나에게 그림의 떡이다. 언니는 나의 목욕습관을 알기 때문에 같이 서둘러 준다. 언니와 서로 등을 밀면 어릴 때가 생각난다. 어릴 때의 일을 갚으려면 등뿐만 아니라 온몸을 씻겨주어도 시원찮은데 항상 언니가 덤으로 나를 더 씻겨 준다. 흰머리 동생의 목욕 뒤치다꺼리가 아직 끝나지 않았다고 웃을 뿐이다.

공차란 없다는 말로 나는 어느 곳에서 도중하차한 적이 있다. 뜬금없었지만 어쩔 수 없었다. 세상일이다. 때로는 어처구니가 없는 일을 만나기도 하는 것을……. 목욕탕에서 때를 밀면서 공차가 떠올라서 공차인 듯한 때를 심하게 밀었다. 시원했다. 옆 사람의 등을 밀어 주면서 공차의 기쁨을 느꼈다. 나의 일보다 타인의 일로 움직였을 때, 그에게 행복을 준다면 행복한 일이다. 공차가 무얼까, 생각이 다른 사람의 생각을 알기는 어렵지만 썩 기분 좋은 일은 아니다. 사람을 낮추어 보고 했다면 더욱 그렇다. 부재중인 남편의 자리, 때로는 업신여김의 자리라는 것에 닿으니 억울하지만 더 살아 볼 일이다.

목욕탕으로 갔다. 혼자 하는 목욕보다 공중탕에서 신나게 때를 밀고 싶다. 아기의 표정처럼 맑고 싶다. 시동을 건다. 친한 언니 집에 가서 공차를 좀 달라고 했더니 향기로운 차를 내 놓으며 반긴다. 이게 사람 사는 세상이다. 공차를 주는 일은 베푸는 일이다. 공차는 아무것도 없는 것, 즉 비우는 일이기도 하다. 얼마나 비워야 인생의 맛을 알까. 우리의 뜻 말은 참 어렵다. 내일 또 때를 밀어야겠다.

제2부
함께 있더라

부자지간 / 쩌렁새 / 독감의 덫 / 명절을 앞두고
엽서 플러스 / 바다는 / 침묵연습 / 내 시에는 비빌언덕이 있다

부자지간

 아범이 이번 주말에 수민이하고 오겠다고 한다. 반갑기는 한량이 없으나 전화를 끊은 후 여러 가지 생각들이 마음을 뒤숭숭하게 한다. 며칠 전에 통화를 했다. 통화는 길지 않았으나 집안일 이것저것 이야기 하다가 어멈이 잠깐 기다리라고 하면서 수민이를 바꿔 주었다. 나의 시간과 수민이 시간이 맞지 않아서 수민이와 통화는 쉽지 않다.

 "보고 싶어"

 "나도"

 이런 통화를 한 지 며칠 지나지 않아서 아범이 수민이 하고만 온다니 마음이 편할 리가 없다. 전화는 확실한 끝맺음이 없으면 내내 마음이 찝찝하다. 여태까지 둘이서 온 일이 없으며 어멈이 수민이를 뚝 떼어서 보내려면 마음도 복잡했을 것 같다는 생각이 든다. 쇠뿔도 단김에 빼라는 말이 있듯이 아범에게 전화를 했다.

"셋이 같이 오지 않고?"

"아니요, 둘만 갑니다."

평소의 목소리인데도 그 대답이 왜 만족스럽게 들리지 않았는지 모르겠다. 다시 묻고 싶지 않은 말을 하게 되었다.

"왜? 다투었니?"

"아니요, 주말마다 아이랑 놀아 준다고 쉬지 못하는 것 같아서 좀 쉬게 하고 싶기도 해서 그렇습니다."

이 말을 듣고도 나의 조바심은 그치지 않고 어멈에게 확인하는 전화를 한다. 사람의 마음은 참 이상하다. 한번 의심하면 끝없이 의심이 간다. 혹시 말다툼이라도 했는지 의심이 되니까 그것이 연결되어 조바심을 만들고 전화통에 불을 붙인다.

"어머니, 오늘 무슨 전화 받으셨지요?"

"응, 그러게 너도 무슨 전화 받았니?"

직장에서 조금 전에 전화를 받았다고 하면서, 이번 주말에 혼자 잘 지낼 계획을 세우라고 하더라는 것이다. 우리는 서로가 뜻밖의 선물을 받은 것을 확인하고 각자의 주말을 잘 보내자고 의기투합했다

오늘은 드디어 그들 부자가 나에게로 오는 날이다. 마침 용두산 공원에서 '부산 시민예술제 백일장' 심사가 있어서 마중을 가지 못하고 도착하면 곧장 그들이 이곳으로 오기로 했다. 용두산 공원은 문화의

축제장이다. 공원에 도착했다고 하는데 공간마다 말을 걸어와서 두리번거리다 보니 서로가 찾기 쉽지 않다. 여러 통의 전화 끝에 장소를 정했다. 복잡할 때는 소리가 나는 곳이 빨리 눈에 든다. 풍물놀이를 보며 삼매경에 빠진 수민이를 내가 먼저 보았다. 멀리서 보아도 배낭을 멘 두 사람은 여행객의 모습이다.

수민이는 짐이 두 개 더 있다. 한 손에는 앙증스런 케리어를 끌고 다른 손에는 바람개비가 있는데 나를 향해 뛰니까 바람개비도 함께 뛴다. 우리의 포옹은 극적인 장면을 연출한다. 우리의 감회와 달리 아범은 저 혼자 어릴 때를 추억하는지 도시 풍경을 훑어보기도 하고 강아지처럼 따라다니는 비둘기한테 모이를 주기도 한다. 이곳에서 비둘기를 쫓아다니던 추억의 사진장면이다. 삼십 년 만의 용두산 입성에서 추억으로 떠오르는 영상이 어찌 한두 개뿐일까. 지금 제 아이만 했을 때 이곳에서 놀던 그 시간으로 타임머신을 타고 가는 것을 말리고 싶지 않아서 수민이를 데리고 놀았다.

그렇게 다른 시간에 빠져 있을 때 분위기를 환기하는 수민이의 제안이 참으로 걸작이다. 계단에 걸터앉으며 어른스럽게 이렇게 말한다.

"아빠, 우리 이야기 좀 할까?"

다섯 살배기가 하는 말법에 내가 어리둥절하여 그들 부자지간의 대화에 귀를 기울인다.

"그래, 세발까마귀는 재미있어?"

"응, 재미있어"

"여기 오니까 어때?"

"응, 좋아, 재미있어"

"아빠는 어때?"

"나도 좋아, 아빠도 수민이 만할 때 여기에 왔었거든"

고개를 맞대고 하는 모습이 한 편의 영화 장면 같다. 그뿐만이 아니다. 다정한 눈빛 대화가 얼마나 예쁜지 나의 가슴이 뭉클하다.

수민이는 하고 싶은 이야기를 끝냈는지 바람개비를 만지작거리더니 얼른 일어나서 계단을 내려간다. 수민이 등에 따개비 같이 붙은 배낭이 살아서 팔딱거린다. 신나게 돌아가는 바람개비는 산책길을 시원하게 뚫으며 제 아범과 할미의 길을 내어 준다. 훗날 부자지간이 이곳을 찾아오면 하나도 빠짐없이 일러 줄 게 분명한 공원은, 오늘도 찾아온 사람들에게 저마다의 추억과 간직해 둔 그리움을 꺼내 주며 반기기에 바쁘다.

오늘 내가 본 아름다운 부자지간의 장면도 용두산 공원은 하루도 잊지 않고 세월의 탑을 쌓고 있으리라. 부자지간의 대화하는 풍경에서 느낀 행복감은 순간순간 나에게서 잔잔한 미소를 뜬다. 행복은 거창한 것이 아니다. 추억이 있는 곳에서 추억을 만들어 가는 이대二人, 부자지간의 행복이 곧 나의 행복이 아니고 무엇이랴.

쩌렁새

열대야에 시달렸다. 다행히 일요일이라서 잠을 푹 자려고 했는데 바람 들어오라고 열어 둔 창문 사이를 비집고 들어오는 새소리는 안팎을 날아다니며 잠을 깨웠다. 눈꺼풀이 따갑다. 시간을 뒤척이다가 들었던 잠을 너무 일찍 놓쳐 아까운 것은 평소에도 잠이 오면 거절을 못하고 자연스럽게 받아들이는 잠의 애호가이기 때문이리라. 어젯밤은 너무 힘들었다. 잠도 뒤척이고 나도 뒤척이고 엎치락뒤치락 힘겨루기를 했다. 잠의 횡포였다. 때를 놓치면 잡을 수 없이 달아나버리니까 잡을 때까지 공들이는 것을 안다. 불문하고 잠을 깨운 새에 괘씸한 생각이 든다.

여름 해가 아무리 빨리 뜬다고 하여도 새벽 다섯 시 전까지는 어스름이 엉성한 그물처럼 깔려있다. 새는 그마저 털고 다니니 이불을 팍 올려 썼다. 이미 꽁무니를 뺀 잠 끝에서 눈만 말똥거리며 능청을 떨고 누워있을 수 없어서 불을 켰다. 이웃도 마찬가지였는지 불을 켜는 집이 늘어났다. 얄미운 새 꼴이 보고 싶었다. 주먹보다 작은 새 여러 마리가 공중제비를 돌면서 약을 올리듯이 더 쩌렁거리는데 기가 찼다. 작은 고추가 맵다더니 작은 새의 새벽놀음이 우습다. 자기들끼리 주고받는 말이 사방팔방 쩌렁쩌렁 울리는데도 부끄럼 없는 새의 이름이 궁금했으나 알 수 없다. 눈치를 안 보는 신세대 새라고 부를까, 쩌렁새라고 부를까하다가 쩌렁거리는 소리를 따서 '쩌렁새'라고 부르기로 한다.

쩌렁새는 제법 까불고 기폭을 심하게 가르며 날아다닌다. 빠른 날갯짓에 앞뒤도 분간 못하고 유리창에 부딪힐까 봐 손을 휘이휘이 내저어주는 노파심까지 발동시키는 새에게 초심을 잃었다. 동화된 아이러니를 아는지 유리창 가까이 와서 더 까분다. 볼수록 귀엽다. 나는 새를 꿈에 보면 좋은 일이 생겼다. 큰 손자가 태어날 때도 새를 보았고, 어장 할 때도 꿈속에서 내가 새처럼 날아다니면 재수가 있었다. 자주 꾸지는 않았지만 용왕제를 지낼 날을 잡고 나면 꿀 때가 있었다. 내가 날아다닌 꿈을 꾼 그 해는 바다는 우리 것이었다. 태평양에서 작업하는 오징어 저인망 여러 척도 그랬으니 손을 비벼주는 할머니는 내게 한번 씩 물었다. 어젯밤에 꾼 꿈은 없느냐고……. 꿈에 나는 날개 없이 날아다니는 새였다.

좋은 꿈 이야기는 삼 일 지나고 말해야 한다고 해서 꾹 참는다. 옆에서는 짐작만 하는 것이다. 이왕 말 안 한 것, 아예 말을 안 하고 싶지만 언뜻언뜻 채근하는 옆 사람 때문에 안 할 수 없다. 삼일 동안 기다려도 대답은 간단하다. 꾸었다 안 꾸었다. 할머니는 나를 무척 좋아했으며 어머님에게 나를 서운하게 하지 말라고 일렀다. 어머님은 할머니를 형님이라고 불렀으며, 집의 대소사를 항상 의논하셨고 다정한 자매처럼 지냈다.

참 희한한 일이다. 무심코 꾼 꿈의 영향이라면……. 여러 해를 거듭 우리 바다가 호황이었다. 작업선이든 운반선이든 우리 이름표를 단 것은 모두 그랬다. 내가 생각해도 내 꿈은 참 용했다. 평소에는 꿈을 잘 꾸지 않는다. 요즘은 정말 그런 꿈을 내가 꾸었던가 싶을 정도로 스스로에게 의심이 되며 그런 꿈을 꾸고 싶다. 태평양에 나간 작업선이나 어장에 고기가 들지 않으면 나보고 꿈을 꾼 게 없느냐고 묻기도 하던 싱거운 그 사람의 심정을 이해한다. 마른 바다를 만나는 해에는 나도 답답했는데 오죽 답답했으면 그랬을까싶으니 마음이 참참하다.

다시 그때로 돌아가서 이야기하고 싶다. 그물이 한가하다고 하면 누구보다도 새처럼 날아다니는 꿈을 꾸고 싶었다. 어장이라는 것이 물때를 잘 만나야 하는 것인 데 물때는 바다에 맡기고 있으니 답답할 때는 그럴 수밖에 없다. 물을 본다는 말은 과학적으로 들리나 가장 과학적이지 않은 말이 아닌가. 중동 사막의 사람들이 별을 보고 길을 찾았던 것처럼 어장을 하는 사람들은 물을 보고 고깃길을 찾았다. 물때는 자연그대로 해와 달과 함께 움직인다. 지금 생각하면 어쩌다가 맞았을, 내가 꾼 꿈이 길이 되었다니 참 아이러니다.

새는 내가 한참 다른 생각을 할 때 서서히 길을 빠져 나갔다. 새의 길은 공중에 있다. 낮으면 아파트 벽에 걸려서 넘어지기도 할 것이니 높은 공중에 자기들만 아는 길을 마련했다. 오늘은 공중제비의 높이를 자꾸 올리는 걸 보니 날씨가 꽤 더울 모양이다. 나도 어머님을 닮아간다. 바람을 보면 물길이 어떻게 바뀔 것을 알고 혼잣말로 하셨지만 결과는 어머님 말씀대로였다. 어장 할 때, 호황의 기억 때문일까. 자꾸 바다가 떠오르는 아침이다.

어장 접은 지 십오 년이 되었다. 오늘 새한테 눈총을 주려고 새벽부터 설친 것은 내 실수이나 새로 인하여 잊었던 꿈을 찾았다. 나는 아직 꿈을 꿀 수 있다. 대박이다. 이제부터 새꿈을 기대해도 좋을 것 같다. 그물과 함께 쓸려가 버린 사라진 꿈을 되찾아 준 쩌렁새가 날아다니는 허공에는 새소리가 널린다. 쩌렁, 쩌렁 하늘이 울리는 걸 보니 만사형통할 모양이다. 앞 산 끝보다 높이 날았다가 다가와서 소리 짖는 짓이 재롱스럽다.

살아간다는 것은 늘 새로움과 만나는 것이리라. 일상이 새로움인데 새로움이 새삼스럽게 발견된다고 생각되는 것은 왜일까. 어제도 그제도 쩌렁거렸을 새가 오늘 다가왔다. 쩌렁새의 비상을 보며 나의 비상을 꿈꾼다면 너무 주술에 걸렸다고 하겠지만 그래도 좋다. 오늘은 쩌렁새로 인하여 꿈을 발견한 날이다.

독감의 덫

　독감의 덫에 걸렸다. 틈이 생겼다 싶어서 바람을 쐬는 날이면 다시 옥죄는 바람에 스산한 한기를 느끼게 하는, 정말 옹고골진 덫이다. 그 올가미는 너무 단단해서 한 치 양보도 없다. 한방에 다스린다는 민간요법도 해 보았으나 아무 반응이 없는 질긴 덫, 며칠간의 칩거로 대응했으나 "첫" 하는 콧방귀에 자존심이 상한다. 링거의 마법에라도 걸리고 싶은 심정으로 온몸을 감싸고 병원을 찾았다. 같은 증상으로 세 번째 방문하는 환자가 그리 반가울 리 없는 의사선생님은 한결같은 음성으로 스트레스가 원인이라고 한다. 음성이 너무 엄중하여 경고로 들린다.

　독감이 덮치기 전에 오십여 명이 같은 장소에서 회를 먹었는데 집으로 돌아오자마자 토사가 시작됐다. 토사의 장난은 너무 심했다. 처음에는 적당히 하고 말겠지 하는 심정으로 광란의 토사에 휘둘러 주느라고 밤을 꼬박 새웠다. 잠을 빼앗은 광란이었다. 날이 밝기를 기다려 다음 날 서둘러 병원에 가서 진정시키니 갑갑하던 속이 후련해서 다스림이 끝나는가 싶었다. 그건 기우였다. 계속된 토사와 미열의 되풀이 끝에 엎친 데 덮친 격으로 독감이 덮쳤으니, 독감은 참으로 거칠게 나를 안은 것이다. 독감은 스트레스 덩어리다. 나의 몸 안팎을 휘젓고 다니며 외양까지도 시들하게 만들고 누가 보아도 한 마디씩 측은함을 건네며 스트레스를 어디에서 받았는가 묻는다.

산호수가 시들시들하다. 잎사귀가 누렇게 떡잎이 지고 줄기 한 가닥에 겨우 잎은 너덧 개이다. 내 병은 아는 병이지만 얘는 무슨 연유인지 몰라서 꽃집으로 데리고 갔다. 작년에도 영양제를 맞은 특혜가 있는데 올해도 영양제 하나 꽂고 물을 적당히 주라는 처방을 받았다. 물에 늘 젖은 뿌리가 공기의 압력을 견디지 못해서 숨쉬기가 곤란했단다. 잘한다고 한 일이 스트레스를 주었나 보다.

꽃나무의 성질을 말살하고 나의 프로그램대로 일요일마다 너나 할 것 없이 화분마다 흠뻑 물을 주었다. 물받침에 물이 넘쳐야 멈췄다. 꽃나무들은 물을 또 먹어야 할 돌아오는 일요일이 얼마나 겁이 났을까. 겁을 먹고 살았을 꽃나무들을 생각하니 무안하기도 하고, 미안하기도 하여 다른 문제가 없는지 자세히 살펴하기로 한다. 떡잎은 떼어주고 늘어진 가지는 기댈 가지를 세워주고 이것저것 살펴보니 다행히 낯빛들은 병색이 없어 보인다. 산호수는 작년에 이어 두 번째 특혜를 받고 있으니 얌전한 구석자리에서 몸을 낮춘다.

여류수필가 B씨가 집에 놀러 왔다. 방문하면 괜히 뭔가 기분 좋은 말을 해주고 싶은 것을 찾는 게 동방예의지국의 사람 마음이라, 그녀라고 다를 리가 없었는지 "선생님, 누가 베란다를 관리하나요?" 은근히 부러움을 나타내며 묻는다. 칭찬처럼 들린다. 칭찬은 돼지도 나무를 타게 한다고 하지 않는가. 내가 그렇게 게을러 보였냐고 하면서도 기분은 나쁘지 않아 한바탕 같이 웃었다. 부티를 내는 나무들이 예쁘단다. 내가 이 집 집사인데 내가 아니면 누가 관리하겠느냐며 독감한테 무차별 공격당하기 전에는 잎사귀 닦아주는 일도 잘했다고 공치사를 하고 말았다.

병원에 들락거리는 횟수에 비례한 걱정은 누구에게 분양해야 할까 하는 선까지 닿았다. 베란다에 나가면 생기는 걱정이다. 여기로 이사 오기 전에 키우던 나무를 분양한 적이 있었는데 눈칫밥을 먹이지 않을 집을 골라야 했다. 동백분재는 가장 아꼈다. 고심한 끝에 야무진 동창에게 주기로 마음먹은 날은 이별처럼 안타까웠으나 평소에 눈여겨본 거라고 좋아하는 동창의 말에 마음이 놓였다. 몇 달이나 지났을까. 우울한 동창의 목소리다. 분재는 처음부터 시들시들하기 시작했지만 회생시킬 수 있다고 자신했는데 결국 손 쓸 수 없는 지경에 이르렀다는 말을 전했다.

죽고 사는 건 운명이다. 이 말은 나와 직접 상관없는 일에 위로해 주어야 할 때 부담 없이 하는 말인데도 그렇게 얼른 말하고 말았지만, 나무한테도 친구에게도 미안했다. 나무가 집을 떠나면서, 주인을 떠나면서 스트레스를 많이 받았는가보다. 이런저런 사연으로 나무를 잃은 적이 있으니 다닥다닥 새끼들까지 붙은 나무들 걱정이 안 될 수 없다. 별별 생각이 다 들어서 베란다에 나가보니 키가 큰 건 커서 걱정이고 작은 건 작아서 걱정이다.

독감을 독하게 겪고 분양을 시도한다. 그렇다고 무작정 누굴 줄 수는 없고 마땅한 이유가 있어야 주는 사람도 받는 사람도 면목이 생길 것이다. 또한 꽃을 나누어 가지는 일은 서로의 정서가 비슷해야 한다. 예사로운 일은 아니다. 일 년 동안 거의 결석이 없던 수강생에게 뿌리내려 탁자 위에서 재롱스럽던 수경을 전달했다. 그리고 지인의 집에 초대받아 갈 때 빈손으로 가기보다 작은 꽃나무를 가져갔다. 꽃은 웃게 한다. 인천에서 놀러 온 동생 유경이 자동차에 작은 화분 하나를 실어 줬더니 눈칫밥 안 줬다고 하면서 예쁜 꽃을 피운 사진을 보내 왔다. 스트레스가 풀린다.

거실에 두고 항상 행복이 먼저일까 행운이 먼저일까 묻는 행복 나무와 행운 나무가 있다. 두 나무는 생태가 다르다. 예사로 행복 속에서 행운을 찾는다고 하지만 생태가 전혀 다른데 무엇이 먼저인가를 묻는 건 애당초 틀린 말이 아닌가. 물먹기부터 다르다. 행복 나무는 일주일에 물을 흠뻑 먹고 행운 나무는 삼 일마다 물기가 뿌리를 깐작거릴 만큼 먹다가 한 달 정도가 되면 흠뻑 먹어야 한다. 사는 방법이 다르다. 까닥하다가 스트레스 때문에 두 마리 토끼를 다 놓치면 안 될 것 같아서 눈여겨 살피기로 한다.

　스트레스는 부메랑이 되면 안 된다. 주고받는 핑퐁의 성질은 더더욱 아니다. 풀자. 몸속에서 느릿느릿 빠져나가는 독감의 아메바가 세포분열을 일으키지 않고 그대로 떠나기를 바라며 기다리자. 행복이 오는 것도, 행운이 오는 것도.

　지독하던 독감이 꼬리를 감춘다. 지독한 덫도 삭는 법, 그래서 살만하다.

명절을 앞두고

설날이 며칠 남지 않았다. TV를 틀어도 라디오를 틀어도 고향을 찾을 사람들에게 지름길을 예측하여 안내하는 프로그램뿐이다. 먼 길을 가는데 교통체증을 피할 수 있는 정보는 들을수록 좋겠지만, 올해는 예년처럼 신경을 곤두세우고 들을 필요가 없어졌다. 교통 안내 방송이 나오면 채널을 흘러 듣거나 운전 중에는 아예 CD에서 나오는 지식에 귀를 담는다. 마치 다른 별에서 온 사람처럼 고향이라든가 지름길이라든가 교통체증이라든가 명절에 관련된 모두를 강 건너 불 보듯 듣고 넘긴다.

이번 설날에는 식구들이 다 모이지 않는다. 첫째네는 부득한 일이 일이 명절과 맞물렸으니 부득불 못 온다고 하니 어쩔 수 없다. 둘째네는 첫 아기 출산이 내일모레 하고 있으니 마음은 있어도 또 어쩔 수 없다. 두 집 모두 변명이 아닌데도 불구하고 못 온다는 말을 하기가 불편한지 제 남편을 통해 먼저 전갈을 한다. 호랑이 시어머니가 아닌데 은근히 약이 오른다. 가끔 바로 말하지 않고 걸러 오는 루트를 사용할 때는 며느리 입장으로 여러 생각 끝에 '헬프 미'를 청할 때이다. 며느리 입장이나 동서 입장은 명절에 못 오는 것은 이유를 불문하고 마음이 가시방석이다.

아니나 다를까. 루트로 접수되었는데도 서울발 전화가 잦다. '못 간다'는 말은 때에 따라서 하기가 어려운 말이다. 초대를 받았거나 당연지사에 거절하는 말이기 때문이다. 나도 지난 시절에 그랬다. 명절 전에 동서들이 시댁에 모인다. 동서가 다섯이었는데 아이들도 고만고만 같이 크고 있어서 명절 전후는 그야말로 시끌벅적하다. 아이들 끼니를 챙기는 일도 수월치 않았지만, 어장 수발도 함께 해야 했으니 일 구덕이었다. 그런 판을 뻔히 알면서 정말 어쩔 수 없는 일이 생겼음을 말하기는 어려웠다. 그때 나 역시 직접보다 간접 루터를 사용했다.

우리 집 명절음식 준비는 가까이 사는 막내가 주로 하고 먼 길을 내려오는 첫째도 전을 가지가지 구어 온다. 둘째는 결혼 첫해는 며칠 먼저 와서 명절 일을 했는데 올해는 덜컥 못 오게 되었으니 막내가 준비하고 해야 할 게 많아졌다. 기특하게 염려하지 말라고 한다. 못 오는 동서를 배려한 것인데 서로 아끼는 마음이 보기 좋다. 나랑 같이 준비하면 될 테지만 자기 집에서 해 오겠다고 하는 것을 해마다 말리지 못했는데 올해라고 뾰족한 수가 없다.

가끔 딱할 때가 있다. "엄마, 정말 아무 일 안 해요?" 하면서도 은근히 비비 꼬는 장난기는 편해 보이는 엄마가 좋다는 것을 말하지만 노는 손이 괜히 민망해서 베란다에 나가서 꽃을 손질한다. 아들은 제 마누라가 설거지하면 무언가 거든다고 왔다 갔다 하다가 그것도 마뜩찮으면 등 뒤에서 이야기를 건넨다. 나는 원래 설거지를 혼자 하는 것을 싫어한다. 누가 옆에 있으면 거들라고 하고 서 있기라도 하라고 한다. 궂은일은 같이 해야 한다는 게 내 생각이다 보니 평소에도 이 핑계 저 핑계로 자주 미루게 되는 내 설거지다.

명절증후군은 근육통증만이 아니다. 마음에서 생기는 통증은 근육을 푸는 것보다 오래간다. 자기 잣대로 섭섭함을 내색해 버리면 상대에게 통증을 주고 스스로에게도 아픔으로 남는다. 우리는 시각과 청각을 너무 믿는다. 한번 본 일로 다 보았다고 말하고 지나가는 말로 들은 것을 다 들었다고 한다. 고부관계도 그런 것에서 금이 생기고 동서 사이도 그렇다. 다 보고 다 들었다고 하는 것은 너무 현상적이다. 서로를 생각하는 마음 씀씀이를 아는 것이 진정으로 아는 것이 아닐까.

명절 아침에 우리는 마음을 맞춘다. 아들 내외가 서로 마주 보고 큰절을 하고, 형제부부가 동그랗게 모여 서로에게 큰절한 후에 덕담한다. 다음에 어른에게 큰절을 올린다. 형제간끼리 마음이 맞아야 즐겁다는 의미로 시작했는데 이제는 자연스럽다. 알게 모르게 생긴 앙금을 자기 스스로 털어내는 행사라고 일컬어 본다. 서로가 하는 큰절은 자기를 낮추고 상대를 공경하는 의미가 있다. 마음의 담을 허무는 행사는 일 년에 두 번이다. 어찌 명절의 의미가 크지 않겠는가.

며칠 전에 문우가 잠시 스치면서 말을 건넸다. 우리는 모임에서 가깝다는 티를 내지 않아서 친하게 지내는 걸 모르는 사람이 많다. 유독 그런 추임새가 필요할까 싶지만 그래야 된단다. 사회생활의 방편일 수 있으나 자연스럽지 못해서 항상 불편한 자리가 있다는 게 문제다. "생각을 마음에 두지 말고 말을 하라"는 것이다. 말을 해야 마음과 다른 소리를 듣지 않는다지만 그럴 이유가 굳이 없다. 누구는 그랬다는 둥 조언이라고 말하지만 슬픈 현실이다. 영화 '러브 스토리'의 마지막 장면에서 "사랑한다면 미안하다는 말을 하지 않는다"는 대사가 있다. 말을 다해야 아는 사이라면 보통 사이인데 굳이 그러고 싶지 않다.

명절을 앞두고 지난 일을 돌아보는 시간이 많다. 혹시 선배나 후배들에게 잘잘못을 가릴 일을 만들지 않았는지, 나도 모르게 헤살부리는 일을 하지는 않았는지 살펴본다. 말은 쉽게 할 수 있어서 좋긴 하겠지만 후회를 많이 남긴다. 과녁을 향해 날아간 화살이 되돌아올 수 없듯이 내 뱉은 말은 화살과 같다. 어처구니가 없는 말을 무슨 수로 막을 재간이 없다. 삶은 비굴하게 살아야 할 만큼 길지 않다는 친정어머니의 말씀에서 깊은 뜻을 찾는다.

엽서 플러스

　나는 몇 해 전 이른 봄에 두 달 동안 끈기 있게 엽서를 쓴 적이 있다. 시작은 권유에 의해서였지만 후반부에서는 마쳐야 함에도 불구하고 브레이크를 잡을 수 없는 마음 때문에 혼났다. 우체국에서 엽서를 쓰면서 시인 유치환의 심정이 이랬을까 하는 생각도 했다. 작은 창밖에 보이는 벚꽃나무를 보면서 저 잎사귀가 한창 푸르르 아름다울 때 너를 볼 수 있겠지, 하는 첫 글에서 그리움을 담았다. 나는 어느새 유치환의 말법을 흉내 내고 있었다.
　막내가 훈련소에 입소해서 5주 동안 훈련을 받는다. 입소한 지 며칠 지나자 며느리에게서 전화가 왔다. 며느리의 제안은 이러했다. 메일은 한 사람만 보낼 수 있으니 그 일은 자기가 하고 나는 엽서를 일주일에 두 번 쓰면 어떻겠냐는 것이다. 평소에 글을 쓰는 일을 하면서 고작 손바닥만 한 엽서 못 쓴다고 하면 체면이 말이 아니다. 날마다 써서 보내도 아깝지 않을 아들이지만 편지글을 쓴 지 꽤 오래되었으니 망설일 수밖에 없었다. 망설임도 오래 끌면 오해를 받을 수 있다. 잠시 머뭇거리는 뉘앙스만 전화상으로 전하고 잘 해보겠으니 염려하지 말라고 했다.

계획을 짰다. 일주일 중에 화, 목요일에 엽서 보내는 날로 잡았다. 우체통에 넣는 것보다 확실하게 도장이 찍히는 걸 볼 수 있는 우체국으로 정했다. 마침 화, 목요일은 인제대학교에 수업이 있는 날이다. 얼마 전, 인제대학교 도서관 행사의 기념에서 사 둔 호랑이시리즈 엽서가 있었다. 마침 한 족이 열 장이었다. 호랑이의 용맹스런 상징성이 군인에게 딱 어울린다.

첫 글은 신경이 쓰인다. 형식상 맞게 써야 할 것 같다. 초등학교 때 익힌 편지글의 기본으로 써 내렸다. 손바닥보다 적은 엽서의 여백에 혼 줄이 났다. 근래에 아들과 오순도순 이야기할 기회가 없었으니 아쉽다. 딸이면 달랐을까. 딸이었으면 결혼을 했어도 주고받을 말이 많았을 텐데 엽서 한 장을 메우면서 앞세우고 뒤세울 말이 없으니 안타깝다. 호랑이가 신나게 태워 가야할 첫 안부의 내용이 부실하기 짝이 없다.

두 번째 글은 나의 망설임이 많았던 첫 글보다 서정적으로 써 보기로 했다. 우체국의 작은 창밖에 눈길을 준다. 벚꽃이 떨어진 가지에는 연둣빛 나뭇잎이 예뻤다. 저 나뭇잎이 푸른 빛깔이 될 때 너의 구릿빛 얼굴을 보게 될 거라고 군인 정신을 잊지 말라고 당부한다. 할 말이 끝나지 않았는데 엽서의 아랫단에 볼펜의 촉이 있다. 아는 우체국 직원에게 글 쓴 엽서를 주었다. 호랑이 그림의 엽서는 눈에 띄어서 그 직원도 훈련소에 보내는 엽서임을 금방 알게 됐다.

엽서 보내는 횟수가 늘어남에 따라 글 쓰는 재미도 늘어났다. 며느리에게 다정하게 답해 주라고 은근히 며느리 편에서 말하고 귀염둥이 다연이도 아빠가 보고 싶을 테니 사랑한다는 말을 아끼지 말라고 당부한다. 며느리와 손녀에게 점수 따는 글도 호랑이 등을 타고 달려갔다. 횟수가 거듭되어도 답장은 없었다. 훈련 중에 글을 쓸 시간이 없을 것이다. 아들 셋을 키우면서 다정스러움보다 듬직한 것에 익숙해져 있는 나는, 메아리가 없어도 충분히 위로 받고 있었다.

엽서를 쓰면서 편지글 쓰는 것이 참 즐겁다는 것을 느꼈다. 화, 목요일이 기다려지고 우체국으로 가는 발걸음이 날개를 단 것도 좋았다. 내가 주소를 찾는다고 가방을 뒤적거리면 미리 친절을 베풀어 주는 직원의 얼굴도 기다려졌다. 이 정도의 엽서 보내기가 줄기찬, 근래 보기 드문 일이라니. 다섯 장 째 되니까 지면이 모자라서 글을 깨알처럼 쓰게 되었다. 나는 그들이 알게 모르게 보내는 응원에 힘입어 아홉 번째 엽서를 보냈다.

훈련소에서 답장이 왔다. 이제 그만 보내도 된다고 한다. 보내면 못

받고 나올 것 같다는 말을 덧붙였는데 너무 서운했다. 이제 시동이 걸려서 쓸 만한데, 누군가에게 계속 엽서를 보내고 싶었다. 마지막 한 장의 엽서는 다시 기념으로 남았다. 기념의 내용만 달라졌다. 처음 열 장은 도서관 행사의 기념엽서였다면 이제는 막내와 이야기를 하다가 다음을 기다리는 한 장의 엽서로 자리매김한다.

학창시절에 편지를 돌려보낸 적이 있었다. 한 번도 아니고 서너 번이었으니 편지라고 하면 덜컥 후회부터 떠올린다. 지나간 시간이 후회가 없다면 나태한 오늘이 있을 것이다. 그리고 개인에게 후회는 발전하게 하는 원동력이라고 한다. 하지만 돌이킬 수 없는 시간 앞에 살아갈수록 커지는 후회는 왜 일까. 자기 손을 떠난 편지가 '수취인 거절'이라는 낙인을 찍고 되돌아 왔을 때 얼마나 암담했을까를 생각하면 죄를 지어도 큰 죄를 지었다. 막내가 "열장 째 보내면 엽서가 어머니에게로 도로 돌아갈 겁니다."는 말에 소스라치게 놀랐던 것도 나의 가슴속에 오래된 미안함이 녹아버리지 않고 생생하게 살아있었음에 있었다. 가슴을 쓸어내린다.

첫째도 다섯 주간의 훈련이 있었지만, 엽서를 쓸 생각조차도 못했다. 둘째도 역시 그랬다. 이번에도 자발적으로 한 것은 아니어도 지나고 보니 마땅히 해야 하는 일이었다. 새삼스럽게 첫째와 둘째에게 미안한 마음이 든다. 호랑이 엽서에 미안함도 보탠다. 막내에게 보내는 엽서가 지난 시간을 돌이키며 말할 기회를 준다. 더 쓰고 싶다는 심정의 토로는 어쩌면 두 아들에게 써 보지 못한 후회다. 그동안 말은 안 했지만 막내에게 엽서를 보내면서 두 아들에게 서운함이 생길까봐 나름대로 신경이 쓰였다. 평등하게 한다는 게 참 어렵다.

'엽서 플러스' 공간에 글을 보낸다. 나는 아들들에게 살아남아야 하는 전쟁을 선포했던 적이 있다. 송도 D빌라에 살 때, 마루에 둥글게 앉아서 얼굴을 맞대고 했던 말이다. '전쟁선포' 듣기만 해도 무시무시한 말이지만 안 할 수 없었다. 각자 최선을 다해 열심히 살다보니 이제 해제해야 될 시점인 것 같다. 이 시간을 통해 해제한다. 이제는 다함께 행복하게 살자. 큰 나무가 되어 서로의 그늘에서 시원함도 즐기자. 아끼는 마음으로 남긴 엽서 한 장에다 이렇게 쓰고 싶다.

사
랑
한
다.

바다는

　수민이는 부산에 오면 항상 바다를 구경하고 싶어 한다. 바다를 좋아하는 아이를 위해 아범은 부산에 도착하면 집으로 오기 전에 항상 송도나 광안리로 먼저 가는 편이다. 다섯 살배기가 바다를 좋아한다고 K 시인에게 말했더니, 아이가 바다를 좋아하는 걸 어떻게 아느냐고 그녀가 반문했다. 단번에 알 수 있다고 답했다. 아이의 할아버지가 바다를 사랑했고, 아이의 아버지가 바다를 좋아하니 당연하지 않으냐고 했더니 고개를 끄덕였다.
　수민이 아범은 우리 큰아들이다. 남편과 나의 고향도 바다가 있는 곳이며 아범도 통영에서 태어나 부산에서 자랐다. 어릴 때 울면 안고 바다가 보이는 곳으로 가서 어르고 달래면 뚝 그쳤다. 초등학교 때는 해양소년단 단장으로 역시 바다와 인연을 두었다. 중학교 시절부터는 집이 송도에 있어서 실컷 바다를 보고 살았다. 고등학교를 기숙사 있는 학교로 들어가는 바람에 주말이나 혹은 한 달에 한 번 정도 집에 오면 집에서 바다가 보이는데도 불구하고 꼭 송도 바닷가를 거닐다 오곤 했다. 새댁시절, 거의 한 달에 한 번은 쾌속선 엔젤호를 타고 시댁에 갔는데 그때 바다태교가 되었던 모양이라고 하면 우스울까?

 아들은 바다를 잃는 아버지를 보았다. 잃은 바다는 아무리 넘실대도 가라앉았다. 바다는 아팠다. 아버지가 떠난 바다는 한동안 깃발도 보이지 않았다. 없다. 아이를 손잡고 백사장을 거닐며 상처를 지웠으면 하는 바람이다. 한때는 바다 일부를 호령하며 잘 나가던 아버지의 부富를 보았고 부富라는 허무의 성城에서 슬픈 삶을 보았던 아들, 지금은 어떤 마음으로 바다를 보는 것일까. 기다리는 동안 내 마음은 바람을 만난 물결처럼 출렁이고 뜨거운 파도인 양 철썩거리는 소리로 일이 손에 잡히지 않는다. 고요하게 보내도 좋을 시간에 떠오르는 바다는 언제나 그랬듯이 고민의 화두를 준다.

 남편이 수산업을 할 때도 그랬다. 바람이 불면 불어서 그랬고, 잔잔하면 물이 바뀌지 않으니 고기가 들지 않아서 그랬다. 사람들은 바다에 던진 그물마다 돈을 무더기로 건져 올린다고 했지만, 출항과 동시에 시작되는 고민은 옆 사람도 눈치를 채지 못한다. 방정맞은 생각이라고 퇴박을 맞을 것이 뻔해서 오롯이 혼자의 몫이었다. 나중에 그런 나를 알고 쇠 웃음을 지으며 바다를 모르니까 그런 거라고 걱정하지 말라고 했다. 천석꾼은 천 가지 걱정이 있고 만석꾼은 만 가지 걱정이 있다는데 나에게는 소소한 고민이 많았다.

그래서 부자가 부럽지 않다는 말은 아니다. 재물의 맛을 보았으므로 가난은 싫다고 말하는 사람이다. 나는 논문을 준비하면서 시인 박재삼에게 관심을 가지게 되었다. 유독 가난이라는 닉네임이 따라 다니는 시인이다. 가난은 한限과 관계가 깊은지 한限의 시인이다. 그러나 그를 가난한 시인이라고 하는 글을 만나면 자꾸 반감이 생겼다. 물론 다르게 말하지 못했지만 가난이란 말은 그를 더 슬프게 할 것 같았다.

큰 아들이 고등학교 일 학년 때 일이다. 기숙사에서 나와 오랜만에 함께 보내던 날이었다. 저녁상을 치우고 후식을 하는 자리에서 오징어는 유럽 사람들이 즐겨 먹지 않는데 업종을 한번 바꿔보면 어떻겠냐는 것이었다. 우리는 그 바꾼다는 업종을 바다 것에만 기준을 두고 들었으나 후에 아들은 육지로 바꾸는 걸 제안했다는 것이다. 그 당시 냉동업을 하던 Y 회장은 달맞이 고개에 대단한 레스토랑 건물을 짓고 있었으며, 우리 부부를 초대해서 앞으로의 비전을 미리 말해 주기도 했는데 우리 부부를 아끼던 그 분의 마음을 일찍 읽지 못했다.

올봄에 C 시인이 통영으로 취재차 함께 가자고 해서 그의 부인과 셋이서 간 적이 있다. 오전에는 내가 잘 아는 S물산에 들러 굴에 대한 전반적인 설명과 현장 답사를 하고 오후에는 C 시인의 지인과 합류

하여 보트를 탈 기회가 있었다. C 시인의 부인도 보트의 속력을 즐기는데 나는 도저히 견딜 수 없었다. 나를 놀리느라고 대마도 앞까지 간다고 했으나 내가 일어서지도 앉지도 못하는 것을 보고 통영 앞바다에서 기수를 돌렸다. 며칠 후 B일보 C의 '주유천하'에서 나를 두고 이렇게 말했다. "혹독한 바다를 남편과 함께 온몸으로 부딪치며 살아왔다. 그 모진 바다를 극복하기 위해 바다 관련 시편들을 계속 써 오고 있다.", "지금도 그는 평생 기대고 살았던 바다가 무서워 배를 타지 못한다." 고 덧붙인다.

나의 트라우마에 그들도 놀랐겠지만 나도 그들 못지않게 놀랐다. 나를 즐겁게 해준 일이 많은 바다를 편안하게 내 마음에 안착시키는 것은 나의 과제다. 그럼에도 파도가 흔드는 무수한 깃발을 보고 선 해변에서 나는 더 가까이 가지 못하고 서성인다. 해안선에서 피었다 사라지는 파도처럼 바다에게 파도일 뿐이다. 그래, 밀고 당기고 해보자. 뚜벅뚜벅 바다를 만나러 가는 아들처럼. 바다와의 사랑을 밀고 당기자. 무엇보다 바다를 사랑했던 나를 먼저 만나야 한다고 다독이면서 유치환의 시 「한바다 복판에서」를 떠올린다.

    이제야 나는
    우주의 중심!

천지도 빛도 한 점으로 응집하여
뚜렷한 원광 나를 에워치다

내가 가면
따라서 원광도 읊으고

이 위치야 말로 승화의 초점!
어느 새 나는 간데없어

원광만 거기
의상衣裳처럼 남다

침묵연습

　월요일 오전이면 요즘 대신동 도솔산 기슭의 내원정사로 향할 때가 많다. 내가 가고 싶을 때 가는 곳이 어느 새 절이 되었다. 뜰에 닿기만 하여도 솔바람의 향기가 저 아래 있는 도시의 상념을 가라앉힌다. 혼자가 편한 곳이다. 대덕광전에 앉으면 여름에는 동서로 통하는 바람을 느껴서 좋고 때로는 한적함 속에 있는 내가 좋다. 누굴 알아서 내 몸을 대접받는 것을 즐기고자 하면 모르되 부처님만 보고 앉으면 부처님께는 내가 아는 사람이 된다. 차 한 잔의 여유까지 대접받으면 속세에 돌아와 자비를 회향해야 하는 숙제가 남으니 바라지 않는다.
　내원정사와의 인연은 내가 아이들을 태울 자동차를 구입한 84년도였다. 내 면허증이 84년 면허증이라고 하면 좀 빠른 편이라고 한다. 회사 일이 바빠서 기사를 두고 있었는데 아이들이 가끔 그 차를 타면 내 마음이 불편했다. 혹시나 하던 내 마음을 알고 작은 차를 사 준다는 약속을 받게 된 것이다. 초보운전사는 한 달 동안 친절한 기사에게서 엄하게 교육을 받았다. 시동을 걸고 제일 먼저 찾은 곳이 사문 밖의 뜰이다. 배는 고사를 지내는데 차도 고사를 지내야 되지 않을까 생각하다 절 앞에만 가도 될 것 같다는 생각에서였다. 참 단순한 선택인데. 한 번의 콧김으로 안심하고 자동차 바퀴를 굴리고 다니는 것이 지금까지다. 여성 운전자가 거의 없을 당시에 구태여 면허증을 땄던 이유가 또 있었다.

어른들이 그러셨다. 아이들 키울 때가 제일 행복하다고. 아들 셋을 데리고 다니면 부럽다고 했다. 친정어머니가 거들어 주고 아주머니가 와서 거들었지만 힘들 때가 많았다. 셋을 데리고 택시를 타면 기사가 꼭 한 마디 거든다. 룸미러로 보면서 막내는 딸 낳으려고 했나보다는 말은 힘든 일보다 더 힘들게 들어야 했던 적이 더러 있었다. 막내는 어릴 때는 예사로 듣다가 유치원에 다니고부터 그런 늬앙스의 말을 싫어했다. 때문에 못 들은 척하거나 막내와 단전을 피운다. 민망하게 말하는 사람의 말 꺾기였지만 막내에게 상처가 될까 싶었다.

그래서 서둘러 면허증을 땄다. 막내의 마음을 위한 엄마의 치맛바람이었다고 해도 지나치지 않다. 막내가 의기소침해 하면 마음이 아팠다. 그런 연유의 어부지리로 산 자동차, 막내는 나중에 그 차를 바꿀 때 서운해 하며 자기에게 달라고 할 만큼 정든 것을 표현했다. 자동차를 같이 타면, 하고 싶은 말을 다 할 수 있다. 모자지간의 대화가 뜨거운 장소다. 등교보다 하교 시에는 학교이야기를 거의 몽땅 듣는다. 한 줄만 말해도 살을 붙여 생각하는 일상의 주부소설을 쓰기도 했다. 우리는 때로 허구가 진실인줄 알고 흥분한다. 요즘, 주변에는 허구에 빠져 허우적거리는 걸 보면 아직도 젊은가 여겨진다.

 내원정사를 찾는 일이 그 후 한참 뜸했다. 첫째가 중학교 1학년 일 때다. S고에 가고 싶다고 했는데 단도직입적으로 안 된다고 했다. 2학년 초에 교육부에서 다음 해 부산에도 S고를 설립한다는 발표를 했다. 이제는 아들에게 내가 의사를 타진하게 되었다. 이미 준비할 시간을 놓쳤다며 포기했다고 단호하게 말했다. S고에 대한 정보가 귀에 들어올수록 나의 짧았던 생각이 걸렸다. 진주에 있는 S고의 기숙사를 같이 둘러보고 온 후 늦었지만 준비해 보기로 했다. 두 갈래던 마음을 한마음으로 뭉치기 위해 찾았던 곳으로 내원정사를 정했다. 내원정사는 아들이 다니는 학교와 가까웠고 집에서도 그다지 멀지 않은 곳이었다.

 시간이 나면 혼자 들렀다. 마치 내 집처럼 편하게 법당에 앉았다가 돌아왔다. 어느 날부터 만불전을 준비하고 있었다. 누가 시키거나 권하지 않았지만 만분의 일을 약속했다. 어느 날 친구가 절에 가면 법당에는 정말 마음씨 좋은 할아버지가 계신다고 했다. 그 말이 나를 부추겼다. 수험번호를 받았을 때 주불대신 부처님 진신사리가 봉안된 불단 앞에 번호표를 얹고 고했다. 아들에게 어리광부리듯이 하고 싶은 말을 다 하라고 하고 나 또한 하고 싶은 말 다 하느라고 오래도록 머물렀다. 나는 미주알고주알 사사건건 말한다. 합격 후에도 찾았다. 대적광전과 삼성각에서 둘은 한참 시간을 보냈다.

　아프리카 속담에 아이 한 명을 키우려면 동네가 합심해야 한다는 말이 있듯이 첫째가 입시 속에 있을 때 동생 둘이서 형을 응원해서 힘을 북돋아주었다. 독서실에서 올 때까지 잠자지 않는 것과 형이 좋아하는 과자를 자기들 용돈으로 사서 준비해 놓는 것이다. 운동이 부족하다고 마루에서 탁구를 쳐주고, 주말에는 형이 좋아하는 라면을 끓여주는 애교까지 다 부렸다. 야구를 유독 좋아하는 형과 야구공 던지고 받기는 주말의 일과였다.

　첫째가 시험 치던 날 시험장에 픽업해 주고 토곡에서 가까운 절을 찾다가 범어사를 가게 되었다. 막내도 함께 갔다. 법당에서 데려다 놓으니 나보다 먼저 절을 하는데 너무 간절한 모습이라서 한참을 보았다. 가슴이 찡했다. 형이 꼭 합격하기를 바라는 마음이 얼마나 간절했으면 그대로 몸으로 전해질까. 초등학교 5학년일 때 예쁜 그 모습은 절에 오면 불현듯 눈에 선하게 스친다. 첫째는 합격하고 제일 먼저 두 동생에게 선물을 했다. 대청동 유나백화점에 가서 용돈으로 동생들이 좋아하는 로봇을 산 것으로 기억된다.

맏며느리에게 내가 지녔던 염주를 주었다. 얼른 받아주어서 고마웠다. 내원정사에서 그들 이야기를 많이 한 손길이 묻었으니 좋을 듯했다. 아낌없이 주고 싶지만 그러지 못해 안타깝다. 이 층 누각에 범종루가 있다. 드나들면서 그 자리에서 멈춰본 지가 오래다. 좋은 바람 속에서도 움직이지 않았다. 때가 되어야 울린다. 시도 때도 없이 남의 말을 함부로 하는 사람은 여기에서 침묵을 배울 일이다. 배우는 것은 죽을 때까지라고 하더니 정말 그렇다. 침묵연습을 하고 사천왕문을 빠져나온다.

내 시에는 비빌 언덕이 있다

　나의 시는 진실에 바탕을 두었다. 인간의 삶, 인간의 가치관과 관련된 진실은 삶을 보다 의미 있는 차원으로 상승시키는 데 관여한다. 진실에 바탕을 두고자 한 것은 어느 정도의 주관성이 포함된다는 의미며 순수하게 객관적이지만은 않다고 할 수 있다. 감정은 본질적으로 주관적이다. 객관적 진실은 과학으로, 주관적 진실은 시로 귀납된다. 시에서 주관적이라는 말은 인과의 원리를 초월한다는 의미에서 모순을 뜻하는 말이기도 하여 시적 진리는 모순의 진리인 것이다.

　오늘날 급변하는 시대변화는 다양성의 혼란을 가중시키고 개인의 정서를 교란시키며 어지러움에 빠트리는 요인이 된다. 시의 필요성이 여기에 있다. 시적 진실은 시인이 대상으로 삼은 것보다 시인의 반응에 있는 것이며, 그것을 상상력에 의해 제시되는 것에서 위로를 찾는다. 위로는 깨달음이다. 나의 시가 관여하는 모순적 진리는 삶에서 발현된다. 인간의 삶 그 자체가 모순으로 되어 있기 때문에 이상론을 추구하기보다 본질을 향한 물음표를 던짐으로써 존재론적 진실을 추구한다고 해야 할 것이다.

삶은 이별과 만남처럼 양가표리를 이루고 있다. 이것은 하나의 존재로 이루어져있다. 낙관에서 기쁨을, 좌절에서 슬픔은 논리적인 것 같지만 삶의 표면이다. 기쁨과 슬픔은 별개의 것이 아니라 삶이라는 총체적인 것에서 비롯된 것이다. 천양희 시인은 푸시킨의 시 「삶이 그대를 속일지라도」에서 "이제 곧 기쁨이 올지니" 라는 대목은 자신이 문득 무엇인가 두려울 때도, 그리울 때도 그 구절을 생각했고 고통 속에 있는 자신을 달래주었다고 하였다. 시의 진실에 의미를 둠으로써 삶에 대한 물음표가 되며 하나의 시학을 구축한다.

부귀공명을 누린다고 해서 성공한 인생일 수만은 없다. 실상 같던 돈과 권력이 사라졌을 때 비로소 삶의 본성과 같은 시를 만났다. 행복의 척도인 양 여긴 것이 허상인 것을 알았을 때 비로소 삶이 보이기 시작했다. 슬픔을 그대로 직설적으로 말하는 것은 아니지만 사실에 반하는 내용의 시를 씀으로서 나의 시에서 내가 기대는 비빌 언덕을 찾은 것이다. 언덕은 기댈 수 있어서 안락함이 있고, 사색의 공간으로서 여유를 만들어 낸다. 동경대 총장을 두 번이나 역임했고, 일본 군

국주의 정책에 반대한 양심적인 지식인인 야나이하라 다다오는 "슬픈 눈으로 본 인생에는 영원한 향기가 있다."고 했다. 시는 향기로운 언덕을 나에게 주었다.

　인식한 현실의 정화과정에서 더욱 원초적이고 근원적인 것을 탐색해 보았다. 소멸되면 재생되지 않는 죽음 앞에서 상상력보다 더 위로가 되는 것은 없다. 유한에서 무한으로 상상하는 과정은 개인에 따라 다르지만 모티브는 시에 있다. 양면의 표리부동함에도 다른 또 한 사람의 눈길은 깨달음으로 다가온다. 시의 진실에서 개인의 몰가치성을 배격하고 참다운 인간미를 찾고 정서안정을 찾는 것이다.

　시인은 항상 새로운 과제를 제기하고 추구한다. 그 방법론에 있어 각자 다른 양상을 띠지만 삶에 직관으로 연결해 자기실현의 경지를 펼친다. 자기실현은 무의식을 의식화함으로써 가능하며, 삶의 미분화된 공간을 드러내 보임으로써 자기 정화의식을 가진다. 하지만 나의 시는 독자들에 의한 좋은 채점의 시각을 은근히 기대하며 바늘을 허리에 꿰게 하는 충격을 일부러 가하지 않는다. 측은지심을 억지로 느끼게 하는 소모성으로 진실을 오도하고 싶지 않기 때문이다. 본질적인 삶에서 보편적인 공유경험을 통해 더도 덜도 아닌 있는 그대로 이해해 주는 존재가 있다는 것을 확인하는 것에 시의 쓰임을 갖고자 한다.

2011년도에 발간된 제5시집 『시간의 꽃』은 삶에서 진실의 가치를 찾고자 하는데 있었다. 시간의 작업이다. 존재론적 시간의 관점은 당연히 하나의 삶이다. 상상력의 가치는 진실에서 확산되는 것에 있다. 시가 나의 사상을 불태우고 나아가 더욱 나은 나의 세계를 창조한다는 의미를 띄울 때 사색의 끈을 끊임없이 놓치지 않으려고 한다. 지금까지의 시도와 앞으로의 시도에서 나의 시가 절대 헛되지 않기를 바라며 기대 이상의 보람되고 밝은 여로가 여러 사람에게 익숙한 통로가 되기를 기원한다.

나도 있더라
너도 있더라

우리 있더라
함께 있더라

내가 보고 싶으면
네가 가서 보고

네가 보고 싶으면
내가 가서 보고

너도 웃는 것 보고
나도 웃는 것 보고

돌아와서 부대끼면
가서 보고 또 와서 보고
　　　　　　- 「함께 있더라 - 운주사의 돌부처」

제3부

길 위에서 만나다

마실 길을 가다 / 남이섬 견문록 / 사냥꾼 일기 / 산상에서 /
가을 여행 / 해무를 벗기다 / 귀여운 외교관 / 그녀

마실 길을 가다

 오월의 초입인데도 밤낮의 기온 차가 심해 속옷 겉옷 할 것 없이 겨울치장이다. 1박 2일의 짐이 무겁다. 세 사람이 출발을 약속한 시각은 여덟 시, 만날 장소는 P아파트 주차장이다. 아차, 하는 순간에 시간을 놓쳤다. 학교 근처에 사는 학생이 지각을 많이 하는 것처럼 친구들이 도착했다는 전화를 받고서야 헐레벌떡 서둘러 나간다. 가방 안에는 목도리까지 두어 개 챙겼으니 호들갑이 좀 심하지만, 나의 겨울은 아직 해제되지 않았으니 어쩔 수 없다.

 고속도로에다 몸 일부를 내어준 산과 들의 연둣빛 옷은 채도가 낮으면 낮아서 예쁘고 높으면 높아서 예쁘다. 만나서 반갑다는 인사도 제대로 못 했던 터라 차안에서 서로 인사가 바쁘다. 바깥 풍경이 좋다고 한 마디 하면 거드는 대화는 짧을수록 좋지만 그렇게 되지 않을 때가 있다. 아니나 다를까 차내에서 경고가 삐-이 울린다. 뒷좌석에 앉은 친구가 운전하는 사람이 외경의 아름다움에 솔깃하면 모두 위험하다고 빨간불을 누른 것이다. 뒤통수를 맞은 기분이다. 길만 보고 쭉쭉 달리겠다고 엄살을 떨자, 친구는 내가 빨리 받아들이는 것에 민망함을 느꼈는지 다른 엄살로 분위기를 바꾼다. CD를 꽂으면 더 어색할 것 같아서 자동차바퀴 구르는 소리만 일시적으로 듣기로 한다.

목이 마를 때 만나는 휴게소는 반갑다. 몸도 풀리지 않아서 목이 뻑뻑하던 참에 이것저것 분위기도 바꿀 겸 적당한 틈새다. 원두막이 눈에 띄었다. 아담하게 자리한 그곳 가까이 자동차를 정차하고 친구들이 준비해 온 작설차와 약간의 다과로 담소의 시간을 가진다. 원두막은 한가함을 주는 매력이 있다. 먼데 있는 숲을 보고 앉아서 시원하고, 햇살이 들어도 그늘을 느끼게 하니 쉼터로서의 역할이 일품이 아닐 수 없다. 삼십여 분의 휴식을 끝내고 휴게소를 뒤로 밀어낸다. 곧이어 남해고속도로와 헤어지고 호남고속도로를 타고 순천을 거쳐 전북 부안에 도착했다.

부안은 '마실 길 축제'라는 애드벌룬을 띄워놓고 축제 분위기를 물씬 내고 있었다. 우선, 동행한 친구의 시화詩畵를 보기 위해 그녀가 지시하는 대로 오른쪽, 왼쪽을 몇 번 꺾어 들어가다 보니 시화가 펄럭이는 현장이다. 봄바람은 시를 적당히 흔들고 시를 읽는 사람의 마음도 흔든다. 축제 속에서 시인의 내공을 만나기에는 바람이 제격이다. 바람도 적당해야 좋듯이 시화와 시화와의 적당한 간격은 시의 침묵까지 감상할 수 있어서 좋다. 길을 안내하는 임시 안내판이 길목마다 배치되어 있어 손님 대접이 융숭함을 느끼면서 어렵지 않게 길을 이동한다.

'마실'은 내가 어릴 때 많이 듣던 정겨운 말이다. 어머니는 "요 앞에 마실 좀 갔다 오꾸마" 하시고는 이웃에 다녀오시곤 하셨다. 때로는 어머니 치맛자락을 잡고 내가 먼저 쫄쫄 따라나섰고 나누어 먹을 음식이라도 들고 나서면 신이 나서 더 폴짝거렸다. 가끔 '마실'이 나에게 곤혹스럽게 한 적도 있다. 친구들과 고무줄넘기라도 한 날에는 밥 때를 놓쳐 살금살금 들어오는 모습을 들킨다. 어머니는 마실이 심하다고 야단을 치셨다. '마실'이라는 말이 정겨운 건 나의 어린 시절을 안고 있기 때문이다. '마실 길'은 내 유년의 길이다. 부안은 처음이지만 마치 마실 길 나온 것처럼 익숙하게 식당에 들어갔다. 육개장 세 그릇과 해물 무침 한 접시에 시장기를 때운 후 차 한 사발로 여유를 챙겨 나선다.

노을을 잘 볼 수 있는 곳으로 가는 길에 채석강에 들렀다. 책이 가득 쌓였다. 책의 바위 언덕은 가까이 가서 보기보다는 적당한 거리를 두고 보면 동화적인 환상을 보여 준다. 층위가 실제와 환상이 병치 되어 한 장면으로 드러나는 살아있는 화석의 아름다움에 반해 오늘의 장식이 될 노을 길을 잊으면 안 된다. 마음은 따로, 발목은 채석강에

묶였다. 거기에서 수억 년의 요새를 발견하려 했지만 흐름과 멈춤의 경계가 어디인지 아무리 자세히 보아도 알 수 없다. 중국 당나라의 시인 이태백이 물에 뜬 달을 뜨려다 빠져서 영영 돌아오지 못한 채석강도 이처럼 아름다웠을까.

다시 완만한 길로 접어드는데 갑자기 귓바퀴를 때리는 굉음에 화들짝 놀라 차를 세운다. 넓은 매립지에서 모래바람이 분다. 자세히 보니 모토 사이클 경연대회를 하고 있는 것이다. 평소 못 보던 광경에 넋이 나간 듯이 시선을 고정시키고 즐기는 경지로까지 간다. 노을의 시간이 재촉하는 것을 잊고, 삼매경에 빠졌다. 산 그림자가 길게 기울고 모래언덕을 차고 오르는 모토 사이클은 처음보다 간격을 두고 등장한다. 앗! 너무 머물렀다. 마실 길에는 볼거리가 많아서 생각보다 시간이 빠르다.

채석강처럼 바다의 유품인 적벽강으로 향한다. 오른쪽으로 해변을 한참 끼고 돌아가니 붉은 언덕에 있는 사자의 형상이 보인다. 아프리카의 거친 사자와 다르다. 바다 한 귀퉁이에서 으르렁거리는 사자는 가까이 갈수록 유순하다. 바닷물이 사자의 발목을 찰랑거린다. 해변에 깔린 붉은 돌의 이야기를 다 아는 사자는 우리에게 무엇인가를 이야기해 주고 싶어서 우리 쪽을 계속 보고 있다. 파도소리가 웬만큼만 해도 들리겠지만 아무리 귀를 기우려도 사자소리는 우리에게 소귀에 경 읽기다.

유채꽃이 만발한 언덕을 지나 태양이 화려한 일탈을 꿈꾸는 시간을 만나기 위해 누각을 찾았다. 언덕에서 가장 높은 곳이지만 사선으로 빠르게 빠져가는 불덩어리는 눈 깜짝할 사이에 산화하고 영롱한 구슬은 빙하의 기억 같은 뉘앙스를 남긴다. 욕망은 결핍이며 창조라고 한다. 인간의 행적은 이미 풍화되고 마모되어 인류는 다 해석하지 못한 것이 신화를 낳는다고 하는데 형상의 층위에서 흔적과 같은 저 표상은 무엇일까 궁금하다. 일탈의 양면성에 결핍도 창조도 아닌 고전을 읽는다. 여행은 마법의 시간이 있어서 좋다.

노을이 마실 길을 갔다. 노을에서 반추되는 연기緣起의 절경이 진정되기도 전에 수평선 끝을 향해 급격히 떠내려간 뒤꼍에는 해가 누리는 난곡선의 자유로움이 있을 것이다. 겉으로 부식되어 가는 해거름이 사라질 때까지 가만히 숨을 죽인다. 마실 길은 우리들 삶의 길이다.

남이섬 견문록

　겨울 휴가를 떠날 목적지가 정해졌다. 항상 되풀이하는 일이지만 기다리던 휴가를 손에 쥐면 차일피일하다가 놓쳐버리기 일쑤였다. 이번에는 단단히 마음을 먹고 설왕설래는 잠시, 조카가 추천하는 곳으로 향하기로 한다. 다른 준비들은 일사천리로 하고 문을 나선다. 맹추위를 떨치던 동장군이 소강상태로 들어간 틈을 타서 떠나는 여행은 우선 외투가 가볍다. 자동차 두 대로 아이와 어른 모두 열 명이 나누어 타니 자리는 좀 빡빡하긴 하지만 경춘가도로 달리는 데는 문제되지 않는다. 초등학교에 갓 들어간 또래 둘이서 한류 이야기로 재잘거리는 차 안은 온통 남이섬이다.
　그 당시 겨울연가의 높은 시청률은 장안을 떠들썩하게 했다. 초반부에는 이야기로만 흘러듣다가 시간에 맞춰 브라운관 앞에 적극적으로 앉는 시청자가 되어, 시청률을 꼭 책임져야 하는 것처럼 야단법석을 떨며 채널을 고정시켰다. 한반도는 사랑에 빠졌다. 중년은 중년대로 과거의 시간에 돌아가서 헤맸고 청춘남녀는 그들대로의 이상향을 드라마 속에서 찾으며 가슴 두근거렸다. 그런 드라마의 배경이었던 남이섬은 내 마음을 사로잡았다. 가보고 싶은 곳으로 손꼽혀 그 당시, 지도 속의 길을 찾아서 마음속으로 몇 번을 가보기도 했다. 울렁거림이 삭아진 이제야 찾아가는 것은 감개가 무량하다고 하기보다 숙원 사업 하나 마무리하는 마음이라면 너무 건조해진 서정 아닌가. 사랑이 꽃피는 청춘의 섬이라고 불러야 할까.

그리웠던 상봉을 어떻게 감당해야 할지, 뒤척이던 설렘은 꽁꽁 언 강 앞에서 갑자기 먹먹해진다. 오매불망하던 섬이 강 건너에 있다. 겨울강의 봉우리는 하얗다못해 푸른 숲의 신비를 켜 안은 채 뱃길만 열린 얼음 강 저편에서 그리움의 서정을 빛내고 있다. 보고만 있어도 시리다. 한 걸음에 닿을 것 같은 그곳을 향해 발을 동동거리는 사람들, 사람과 사람이 줄줄이 이은 띠는 끝이 보이지 않는다. 내가 끝인가 싶어서 돌아보면 끝이 보이지 않는 띠 사이에서 우리 일행은 천천히 움직인다. 팬의 행렬이 이처럼 아름다울 수가 있을까.

유람선은 만국기를 달고 선착장으로 들어온다. 사람을 태워다놓기가 바쁘게 돌아오는 뱃머리 위로 먼저 구경을 마치고 날아다니는 철새의 날갯짓이 부럽다. 얼음을 깨는 소리가 경쾌하다. 빙판처럼 미끄러운 강의 살얼음 사이로 고개 내민 물결은 얼었던 몸을 햇살에 녹이려는 듯 이리저리 구르며 출렁인다. 물은 시릴수록 푸른 것일까. 마치 하늘빛과 흡사하고 부서져 떠다니는 얼음조각은 흰 구름 같으니 하늘 유람이라 하여도 과언이 아니다.

꼭 그 문을 통과하지 않아도 되지만 사람들의 마음은 비슷한지 서로 밀리는 모양새를 하면서 기어코 그 문을 통과한다. 선착장 앞에 있는 '남이섬 드날문'이 뒤로 물러났다. 여기서부터 사방팔방으로 길은 열려있지만 어디로 가기 전에 가까이서 들리는 통기타 소리에 발길을 멈췄다. 무명가수가 '어린이 심장 수술비 모금'을 하는 행사인데 자리는 텅 비워놓고 사람들은 대충 서서 노래 한 곡 끝나면 박수만 쳐주고 떠난다. 우리 일행의 등 뒤로 7080 노래가 따라온다. 성의를 표한데 대한 나름대로의 인사였다.

쭉쭉 빵빵 잘 빠진 메타세쿼이아 길의 양옆에는 동남아시아 국기들이 사이좋게 다닥다닥 걸려있다. 다국적 한국이 여기에 있다. 이국적인 풍경에 신바람이 난 사람들은 여기저기 나무를 안고 사진 찍기가 바쁜 풍도도 풍경이 된다. 한국 사람보다 외국인이 더 많아서 우리가 외국인이 아닌가 싶은 섬 길은 착각의 길이다. 귓전에는 베트남 사람들의 소리와 중국 사람들의 이야기 소리가 숲처럼 무성하다. 얼어서 걷기가 녹녹치 않는 길에서 뒤뚱거리는 서로의 모습을 보며 너나 할 것 없이 웃으며 아는 척하며 걸으니 즐겁지 아니한가.

남이섬은 유니세프 지정 어린이 친화공원이다. 은행나무와 소나무로 된 길을 따라 들어가서 유니세프 나눔 열차를 타고 싶지만 빤질빤질하게 언 땅에서 폼이 나게 걷는 건 하늘의 별 따기 만큼 어려운 일이다. 더구나 유모차까지 대동한 대가족의 이동에서는 천천히 걸을수록 빙판에서의 불상사를 막을 수 있다. 마음은 있지만 일단 타는 것은 그만 두고 천천히 걸으면서 구경하기로 한다. 장강長江과 황하黃河를 표현하는 "엄마와 아기"의 행복한 모습, 자전거를 같이 탄 아버지와 아이의 모습도 그냥 지나칠 수 없다.

　소원의 종각 앞에 붐비는 사람들, 소원을 풀고 싶은 마음은 피부색이 다르다고 해서 다르지 않은가 보다. 끊이지 않는 종소리, 피부색 못지않게 다양한 세대의 사람들이 차례를 기다리며 종소리의 여운에 잠겼다. 주변의 명랑한 분위기와는 사뭇 다르다. 종각으로 발자국을 옮기면서 나는 무슨 소원을 말해야 할지 마음을 정리한다. 이곳에 오기 전에 소원의 연못을 돌면서 남이섬을 온 것도 소원풀이를 한 것으로 생각하고 두 손을 모았으니 이곳에서는 가족의 건강을 기원하는 마음으로 종을 울리리라.

　남이섬은 마음을 움직인다. 섬 전체가 볼거리지만 구석구석까지 알찬 볼거리로 채워져 있어 찾아보는 곳마다 동화되지 않을 수 없다. 돌탑에도 마음을 심는다. 정겨운 이야기가 있는 돌탑은 아이나 어른이나 한꺼번에 끌어당기는 매력이 있어 그 주위를 한참 뱅뱅 돌았다.

뜨거운 감자일수록 식혀서 먹는 것처럼 마음 같아서는 남이섬에 닿자마자 겨울 연가 촬영지를 찾아야 했겠지만 천천히 길을 따라 늦게서야 만난다. 두 스타 사이에 앉아서 사진을 찍고 피아니스트의 아들과 단둘이서만 찍기도 했다. 나만 그런 것이 아니고 다음 사람도 그다음 사람도 그렇게 찍는다. 여성의 묘한 질투는 외국인 여성이라고 다르지 않아 그런 짓을 하고 서로의 눈빛이 마주치자 야릇한 미소만 교환한다. 남이섬에서만 일어나는 풍경이다.

남이섬을 찾는 연인들은 이곳에서의 기억을 잊지 않으리라, 서로 언약을 해도 후회하지 않으리라는 생각이 든다. 오늘처럼 만만치 않은 얼음 강을 건너 온 사랑의 힘이 대단하지 않겠는가. 쓸데없는 오지랖에 뱃고동소리가 훼방을 놓는다. 드날문의 기와지붕에 늦은 햇살이 얹어졌다. 드라마를 보면서 푹 빠졌던 남이섬을 뱃전에서 멀어질 때까지 눈맞춤 하다가 메모지에 '남이섬 견문록'이라고 적는다.

사냥꾼 일기

봄을 잡으러 간다. 등산복 차림이 최고의 무장이라고 나섰는데 연둣빛 봄날이 너무 아름답다. 무성의한 복장에 곧 후회한다. 아름다운 봄에 내가 걸려들 것 같다. 다행히 평소보다 짙은 화장이 턱 버티게 하는 일등 공신이다. 칼과 창을 가지고 가는 것이 아니라 달랑 연필 한 자루와 메모지 한 권이다. 이것만 있으면 봄을 보이는 대로 잡을 수 있을 것이다. 설친 잠 탓으로 버스 안이라고 눈을 감는 것은 금물이다. 무수한 봄빛이 몰려오고 있기 때문이다.

시선이 차창 밖을 허둥대는 것을 마음으로 단단히 묶고 보기에도 시원한 연둣빛에서 논다. 무슨 일이든지 시선의 제압이 우선이다. 아지랑이 속에서 피는 산과 들도 기운이 예사롭지 않은 나의 시선을 놓지 않는다. 윤기의 몸짓이 아름다운 봄이다. 이기고 지는 싸움은 원시적이다. 창과 방패를 들이대는 사냥꾼은 밀림으로 들어가기 전에 타잔에게 목덜미를 잡힌다. 쟁기 정도로 잡아야 진짜 사냥꾼이 아닐까. 가방 속에서 눈에 띄지 않는 사냥꾼의 쟁기를 꺼낸다. 볼펜 촉이 메모지 바닥에다 봄을 눕힌다. "봄은 나에게로 달려왔다. 올가미를 쓴 봄, 다 내어놓을 수밖에 없다."

쌀밥을 보니 시장기가 발동한다. 산과 들, 군데군데 이팝나무는 하얀 쌀밥을 고소하게 익히고 있다. 배고프던 유년에 아래층을 거쳐 자기 집 이층 다락방으로 갈 때 주인집에서 풍기던 쌀밥 냄새에 배가 더 고팠다던 친구가 생각난다. 먼 데서 보면 밥알 같은 꽃, 저 꽃만이라도 잠시 보았으면 배고픔을 달랬을 텐데……. 쓸데없는 아쉬움이 지나치는 꽃을 보며 생겨난다. 그 친구는 배고픔이 보약이었다고 회상하니 얼마나 다행인가. 나의 시장기는 주먹밥을 하나 꺼낸다. 아침 요기를 때우라고 준 건데 꽃을 보다가 발동한 시장기가 우습다. 하지만 금강산 구경도 식후경 아니던가.

각자 하나씩 받은 봉투는 크지는 않지만 여러 가지 먹을거리가 들어있다. 내 짝지도 한참 봉투를 내다보다가 손을 넣고 뒤적거린다. 사탕을 입에 넣기는 너무 달고 후식으로 바나나 하나를 다 먹기는 곤란하다. 얼른 바나나 껍질을 벗겨서 반으로 나눈다. 생각이 들켰는지 우리는 웃으며 사이좋게 군것질을 한다. 부지런한 사람이 나서서 커피 주문을 받는다. 차차로 번지는 커피 향에 아침을 서둘러 나온 긴장이 풀린다. 무언의 약속처럼 짝지와 나는 눈을 감았다. 둘이 여행하면서 혼자 눈을 감으면 불편하다. 행여 내가 마음에 들지 않는가? 다행이다.

우리는 마음에 든다, 안 든다와 같은 의구심이 필요 없다. 착착 맞아 들어간다. 이번 여행은 봄을 잡든지 잡히든지 간에 마음 편한 여행이 될 것 같다. 충청도가 가까워진다. 산 비알에는 영산홍 천지다. 흰색과 붉은색의 조화에 더 찬란한 연둣빛이다. 만해 한용운의 생가에 도착했다. 참 아이러니하지만, 우리는 만세를 외치는 대신 허리 펴는 기지개를 활짝 폈다. '만해 한용운 기념관'에 들렀다. 기념관에서 보여주는 시인의 일대기 중에 민족대표의 한 사람으로서 민립대학 설립 운동과 물산장려운동 등의 민족운동에 참여한 것은 잊고 있었던 일로서 시인을 다시 보는 계기가 됐다.

스님보다 저항시인으로 알려진 시인의 방은 작았다. 궁핍한 생활의 반추여서도 그렇지만 자유를 향한 태동의 장소이기에 예사롭게 보이지 않는다. 앞마루에는 한용운 시인의 대표적인 시 '님의 침묵'이 걸려 있다. 침묵이 얼마나 많은 이야기를 하고 있는지 우리는 다시 읽는다. 자리를 이동하여 작품 '알 수 없어요'의 시비 앞에서 반복 구문의 시 속에서 절대자의 정체를 찾는 또 다른 침묵에 빠진다. "자유는 만유의 생명이요. 평화는 인생의 행복이라."고 말한 시인은 조선총독부와 마주 보기 싫어서 북향으로 지은 성북동 집에서 중풍으로

육십 육세에 세상을 떠났다. 한용운 문학은 저항문학으로 일제 강점기에 독립을 염원하며 쓴 글이기에 여기에서 만나는 봄은 생동감이 다르다.

추사 김정희를 만난다. 기와집 입구에 있는 붉은 소나무가 인상적이다. 대문을 들어서니 맞은 편 모퉁이에 보랏빛작약이 야트막한 담벼락과 어울리게 눈에 띈다. 건물 전체가 동서로 길게 배치되어 있으며 안채는 서쪽에 있고 사랑채는 안채보다 낮은 동쪽에 따로 있다. 본채의 기둥마다 쓰인 추사의 다양한 글씨체에서 그의 정신적 진리를 찾아본다. 박물관으로 자리를 옮겼다. 갈필로 그린 시서화 '세한도'에서 시를 이야기한 그림을 본다. 그의 올곧은 정신이 먹의 농담으로 최대한 표현되어 있는 그림인데 이곳에서 보니 아우라가 더 느껴진다. 절제의 여백에서 시서화의 진수를 맛본다.

추사는 호가 많다. 추사와 완당이라는 호를 많이 사용했으나 그밖에 백여 개의 별호를 사용했다고 전한다. 호가 많은 것만큼 귀양의 세월도 길었다. 귀양살이는 귀양을 가고 풀려나기를 반복하며 무려 십삼년이나 했다고 한다. 마음고생이 먹물처럼 까맣기도 했을 추사의 일대기는 변화무쌍한 그의 글 자체라는 생각이 든다. 박물관 광장에는 추사의 동상이 있다. 가느다란 붓 솔 끝에 서 있는 동상이 퍽 인상적이며 아름답기까지 하다. 그의 인장 같은 무늬들이 깔린 저녁 하늘은 추사를 잊지 못할 한 폭 그림으로, 마음에 옮겨 앉는다. 묘소에서 사냥꾼의 무장을 잠시 해제하고 묵념으로 정중하게 예를 올렸다.

 가까운 덕산온천에 도착하여 하루의 지난 시간을 풀어 본다. 사냥꾼의 무기였던 연필과 메모지에서 하루 종일 일한 냄새가 난다. 주체와 객체가 분리되지 않는, 존재론보다 관계론에서 '님의 침묵'과 '세한도'를 다시 펼친다. 내가 본 세한도에서 연관된 과정을 더듬어보고 그 계기를 찾았던 재미는 큰 수확이다. 지혜의 한계에서 표현한 침묵들을 사냥꾼 일기에 어떻게 써야 할지 고민의 침묵에 든다. 몽환적인 봄을 잡았다.

산사에서

무풍한송無風寒松의 숲길을 따라 오르면 자장동천慈藏洞天에서 흐르는 물소리가 영축산 기슭으로 길마중을 한다. 넓은 바위를 수반으로 삼고 꽃꽂이를 했던 오래 전의 봄이 모락모락 피어난다. 그 봄의 아지랑이는 사라진 지 오래인 줄 알았는데 여기에 와서 보니 여름자락 속에 아름드리 큰 봄이 아직 있다. 골짜기의 시원한 한기에 더위가 술술 내려간다. 산문 밖에서 마음을 추스르는 동안 만감이 교차하는 눈물을 삼킨다. 오랜만에 찾은 산사는 옛 모습 그대로 그 자리에서 손을 내밀고 기다리고 있다.

능소화가 만발하다. 담장 위에서 님이 오시는가 목을 빼고 길을 쳐다보다가 눈이 마주쳤다. 내가 자기의 님은 아니지만 오래 전에 눈에 익었던 사람임에 분명하니 반갑기 그지없는 모양이다. 황금빛 옷자락이 눈부시다. 내가 오늘에야 왔듯이 능소화의 기도가 이루어지길 바라는 마음이다. 백팔 계단을 하나씩 오른다. 한 계단씩 오를 적마다 산사의 기억이 뚜렷이 다가온다. 당기고 밀던 바람이 먼저 올라와서 마지막 계단을 오르는 나의 이마를 닦는다. 오래도록 여기에서 씻지 못한 손을 씻는다. 손끝에 척척 감기는 물은 옛적 그대로 지문을 읽으며 시원스럽게 반긴다. 세상사가 시원하다.

　삼십여 년 전에 친구를 따라 왔었다. 처음 와서 암자 뒤 석벽에서 개구리를 본 것이 인연이 되어 초하룻날마다 이곳에 오게 되었다. 자장동천이 눈 아래 흐르는 자장암慈藏庵은 신라 진평왕 때 자장율사가 바위 아래 움집을 지어 수도했던 곳으로 유명하다. 통도사의 크고 작은 암자 중에 가장 골짜기에 위치하여 일부러 찾지 않으면 만날 수 없다. 그 당시 여자드라이브가 흔하지 않았으나 아이들 통학을 위해 운전을 하던 터라 친구 셋을 태우고 다달이 왔다. 한 달 만에 만나는 친구들은 이야깃거리가 많았다. 부산을 빠져 나간다는 흥분과 홀가분함이 여행을 연상하는 즐거움을 주었지만 그 들뜸도 산문 밖에 이르면 끝났다. 자장동천의 물소리에 정신을 차렸는데 그때 물소리는 우리에게 죽비와 같았다.

　그 후 십오 여년은 한 달에 한 번만이라도 꼭 찾았던 곳인데 또 다른 십오 여년은 발길을 거의 끊고 지냈다. 나의 외유가 너무 길었다. 법당 뒤쪽에 있는 석간수에 목을 가시고, 천천히 목젖을 적신다. 눈물이 핑 도는 것에 오장육부의 숨 돌기를 느낀다. 오고 가는 것에 저어함이 없어서 좋다고 다니던 곳이었지만 혼자만의 적막은 쓸쓸하다. 첫 걸음 하던 날 보여준 그 모습을 볼 수 있을까 싶어서 석벽 속의 구멍을 보았다. 금테를 두른 귀한 모습은 보이지 않는다. 같이 걸음해 준 수필가 B와 함께 범허 스님에게 말씀을 듣기로 한다.

금와보살은 석벽 위에 엄지손가락이 들어 갈만한 작은 구멍에 있다. 자장율사가 수도하고 있을 때 두 마리의 개구리가 물을 혼탁하게 하므로 신통력으로 석벽에 구멍을 뚫고 개구리를 들어가게 하였다고 한다. 현재에도 있는 한 쌍의 개구리는 몸이 청색이고 입이 금색인데 벌과 나비로 변신한다고 전한다. 이 개구리는 절대로 산문 밖을 나가지 않으므로 어떤 관리가 그 말을 믿지 않고 개구리를 잡아 함 속에 넣고 봉한 다음 손에 쥐고 돌아가다가 도중에 열어보니 없어졌단다. 이 개구리는 많은 설화를 남기고 있으며 참배객들은 보살이라고 부르면서 친견하고자 한다.

스님의 맑은 얼굴 모습이 산문과 너무 닮았다고 생각하며 메모를 계속했다. 자장암은 대한불교조계종 제15교구 본사인 통도사의 부속 암자이다. 자장율사가 통도사를 짓기 이전에 이곳의 석벽 아래에서 수도하며 창건하였다. 그 뒤 연대는 미상이나 회봉檜峰이 중건하였고, 1870년(고종 7)에 한 차례의 중수를 거쳐 1963년에 용복龍幅이 중건하여 오늘에 이르고 있단다. 전체 건물은 5동 23칸이다. 법당은 4칸의 관음전觀音殿이며 관음전은 거북바위 위에 그대로 전각을 올려서 거북의 꼬리부분이며 관음전 뒤에는 거북의 머리 부분, 법당 안에는 거북의 몸통 부분 일부를 그대로 드러내고 있다고 한다. 관음전에는 석가모니불과 관세음보살상을 모시고 있다.

관음전 앞에는 높이 약 4미터의 거대한 마애불이 새겨져 있는데 통도사 산내에서는 유일한 마애불이며, 1896년 조성했다는 기록이 암벽에 새겨져 있다며 자세히 보고가라고 일러 주신다. 마애불의 중앙에는 아미타불좌상, 그리고 좌우에는 각각 대세지보살과 관세음보살이 음각되어 있다. 관음전 뒤에는 자장율사가 당으로부터 가져온 부처의 진신 사리탑이 있다. 법당 왼쪽에 수세전壽世殿있다. 사찰에서 일반적으로 칠성각이라고 알리는 전각으로 칠성신을 모시는 것이 보통이지만 수세전에는 부처를 모시고 있다며 특이점을 찍어주신다. 스님이 내리시는 차 빛에 여름이 녹아있다.

수필가 B를 따라 벽련암을 찾았다. 울창한 수림과 언덕에 아름다리 은행나무가 어우러진 운치가 아름답다. B는 통도사에서 문화해설 봉사를 하고 있다. 이공계박사의 해박한 지식은 백련암에서 빛났다. 벽련암은 공민왕 23년 월화대사에 의해 창건되었고, 인조 12년 현암대사에 의해 법당의 현판은 백련사라고 하였단다. 대한제국 말기에는 남방의 선찰로서 유명했던 곳이며 법당과 영월루, 장경각, 안심당 등이 자리하고 있다고 전한다. 석가모니의 후불탱, 벽련암 신중탱, 백련암 지장시왕탱 등은 문화재로 지정되어 성보박물관에 보관 중이라는 것을 알기 쉽게 설명해 준다. 특히 광명전은 B가 자주 들리는 기도처란다.

   B와 숲길을 걷는다. 장마 중에 내리는 비는 잘 피해 다니면 우산 없이 비 맞지 않고 즐길 수 있다. 숲보다 너른 우산지붕이 어디 있을까. 비는 오고 있는데 우리들은 젖지 않고 오솔길은 그물처럼 젖는다. 신기한 비 피하기 놀이를 하다가 법당을 향한다. 저녁예불이다. 촛불 속에서 수초처럼 흔들리는 것은 마음이었다. 나이가 들어서 알게 된 것은 나에게 진실해야 한다는 것이다. 내 존재는 가족에게 하나의 촛불 의미가 되기를 바라며 낭비할 시간이 없는 나이라고 스스로에게 에두른다.

가을 여행

증도로 출발한다. 엘도라도리조트에 1박을 예약해 놓고 노을이 수놓을 시간에 도착시간을 맞춘다. 전남 신안군은 부산에서 좀 멀지만 누구와 함께 동행 하느냐에 따라서 거리의 감각은 달라진다. 친구들은 톡톡 튀지 않는 게 특징이다. 앞서거나 뒤서거나 해도 좋은 자유스러움이 길 떠남을 편하게 한다. 이야기보따리는 풀면 풀수록 재미있고 궁금한 것이 풀리면 신나서 지루하지 않다. 증도로 가는 길목에 잠시 내려서 불교발상지를 둘러보기로 마음을 모았다. 예정한 시간보다 빠르게 포구에 닿는다. 마침 구름의 차양이 운전하기에도 알맞아 시간을 앞당겨 준 것이다.

백제불교 최초 도래지로 가는 길은 왼쪽으로 바다를 끼고 언덕을 조금 휘돌아 가는데 시월의 늦은 단풍 휘날레가 아름답다. 붓다의 맨

발을 볼 수 있는 간다라 유물관으로 먼저 갔다. 붓다의 생애에서부터 마라난타가 간다라를 출발해서 중국에 도착, 해로를 통해 백제에 불교를 전파하기까지와 6세기의 소조불상불두, 보살좌상, 간다라 불교문화, 백제 불교의 일본 전파 등 간다라 불교에 관한 여러 자료와 유물들을 보았다. 6세기의 간다라 불교문화에서 중생과 나누는 자비 정신의 표현이 아름답다. 중앙 계단을 비켜 왼쪽으로 난 길을 오르다보면 독특한 '여인상' 등 여러 조각 작품이 전시되어 있고, 마라난타존자의 출신지인 간다라 사원 양식의 대표적인 전형 모습의 탑원을 만난다. 탑원은 간다라 지역 사원 유구 가운데 가장 잘 남아있는 탁트히바히 사원의 주 탑원의 모습을 본 뜬 것으로 불탑과 감실형 불당으로 구성되어 있다. 불탑과 불당은 모두 다른 모습이라서 충분히 감상할 시간이 필요하다.

 부용루로 향한다. 참배 및 서해조망용 누각으로서 1층에는 간다라 양식의 불전도가 부조 조각 23면에 걸쳐 부처님의 이야기가 생동감 있게 음각으로 된 조각이 있다. 부용루는 이 층 법당에 있다. 법당 뒤로 백팔계단이 있으며 계단 끝에는 사면대불상이 있다. 사면불상은 아미타불을 주존불로 모시고 관세음 세지보살을 좌우보처로 두고 마라난타존자가 부처님을 받들고 있는 모습이다. 아쉽게도 보수공사를 하고 있어서 자세히 보지 못하고 발걸음을 돌려 나온다. 하지만 맨발의 정신으로 걷는 붓다의 향기에 가슴 떨림을 안고 내려 왔다.

점심때에 맞춰 법성포에 도착했다. 옛날 같으면 조기어장이 한창이라서 바쁠 시기이지만 한산하다. 눈에 먼저 띄는 식당에 들러 굴비정식을 청했는데 상다리가 부러지도록 차린 반찬에 입이 쫙 벌어졌다. 하지만 진작 굴비는 작은 접시보다 작아서 섭섭하다. 굴비 접시를 바쁘게 비우고 나오니 식당 남자 주인이 이야기 좀 하잔다. 기대보다 작았던 굴비를 생각하면 안 듣고 싶지만 이곳에서 대대로 산다는 고향사랑에는 귀를 기울이지 않을 수 없다.

법성포는 인도승 마라난타가 첫발을 디디면서 백제에 불교가 전해진 곳으로서 '성인의 불법을 들려온 성스러운 포구'라는 뜻으로 법성法聖이라 붙여졌다 한다. 우리를 앞세우고 길을 쭉 가다가 좁은 수로를 가리키며 지금은 토사가 쌓여 항구의 기능이 쇠퇴했지만, 호남지방에서 생산되는 수산물을 서울의 마포나루까지 실어 나르던 배가 여기에서 출발했다 한다. 어릴 적 기억까지 몽땅 털어서 이야기한다. 시간만 있으면 끝까지 듣겠는데 발길이 기다린다. 존경의 뜻을 표하고 헤어졌다.

문수사로 향한다. 문수사의 창건 설화에 의하면 자장율사가 당나라 청량산에 들어가 삼칠일 기도를 거듭한 끝에 문수보살의 가르침을 깨닫고 귀국하여 우연히 이곳을 지나게 되었다. 이 산이 당나라에서 수행하였던 청량산과 같은 느낌을 줌으로, 이곳의 석굴에서 이레 동안 정성껏 기도를 드리고 난, 어느 날 땅속에서 문수보살文殊菩薩이

나오는 꿈을 꾸자 그곳을 파보니 문수석상이 나왔단다. 그리하여 그곳에 문수전을 건립하고 절 이름을 문수사라고 했단다. 문수사는 고요 속에 밝음이 있다. 주변의 아기고목 단풍이 단연 레드오션 단풍이라고 불러야 마땅할 만큼 아름다움이 색다르다.

증도로 향하는 길에서 예사롭지 않은 구름을 만난다. 갑자기 비라도 뿌릴 듯이 어스름으로 빗장을 치는 저녁 날씨에 마음이 덩달아 서둔다. 저만치 증도가 보인다. 저만치가 꼬불꼬불한 시골길에서는 멀다. 더 빨리 달려서 노을이 내릴 수평선 건너편에 서 보지만 구름이 먼저 회색빛 휘장을 두르고 설레발을 친다. 인간의 간섭이 필요 없는 노을의 시간은 구름 속에 있음이 틀림없으나 오늘은 보이지 않으니 돌아 설 수밖에 없다. 빨리 포기하고 엘도라도의 배낭에 들어가 다음 여행을 준비하는 게 상책이다.

다음 날 안팎 구릉 사이가 넓은 평지가 발달한 태평염전에 들렀다. 옛날의 재연이다. 조상이 하던 방식 그대로 생산되는 천일염의 이야기가 있는 박물관에서 소금의 진가를 다시 확인한다. 짠맛은 예사 맛이 아니다. 태양에서 나온 빛으로 물에 녹는 태양이라는 짠맛은 인생의 참맛이다. 태양은 빛과 그늘을 주면서 삶의 간을 맞추듯이 짠맛을 안겼던 지난날이다. 격세지감을 느끼며 박물관을 나왔다. 건너편에 있는 갯벌과 습지에 핀 꽃들을 스마트하게 스마트 속으로 찰깍찰깍 들여보내가며 산책길을 한 바퀴 둘렀다.

천사의 섬 압해도押海島로 향한다. 다리가 놓여 이정표만 보고 따라가면 되는 여행길은 목적지를 쉽게 찾을 수 있어서 좋다. 노향림의 시 '압해도' 시비는 바다를 보고 섰다. 그립지 않으면 보이지 않는 압해도에서 그리움을 씻은 압해도 시비 앞에 자유로운 사람들의 술자리가 눈에 거슬렸다. 하지만 그 모습이 그들의 자유를 시비할 이유가 아니었기에 발걸음을 돌렸다. 압해도를 더 보기 위해 천사 섬 분재공원을 찾는다. 나무 예술과 조각예술의 만남은 서정의 이야기를 짓고 있다. 산기슭 곳곳에는 수확에서 빠진 무화과가 나뭇가지에서 늦은 시간의 주름을 즐긴다.

담양은 대나무 축제 중이다. 죽세원을 한 바퀴 돌고 무르익는 석양을 후경으로 두른 박물관으로 갔다. 실제로 죽장망혜처럼 이곳에 들렸으면 좋았으련만 우리는 산행 차림이다. 고려 중기 혜심의 죽존자전을 통해 존자의 덕이 뛰어남과 높은 기품에 색다른 흥미를 즐긴다. 파죽지세를 몰아 단걸음에 메타세쿼이아 길로 향했다. 대나무를 쪼개는 기세도 자연스럽게 내려놓게 되는 산책길이다. 피로가 와-아 풀린다. 어울림이 아름다운 단풍처럼 마음을 함께 한 우리들의 우정은 가을 놀이 필름을 닫으며 다음을 약속한다.

해무를 벗기다

　서해의 우울한 해무에 정오의 시간도 잊는다. 하늘을 봐도 바다를 봐도 우리가 탄 버스는 해무 속에 갇혔다. 서해의 철책도 무서워하지 않고 들락거리는 해무가 언제 사라질지 모른다. 가끔 해무를 즐겨보기 위해 바닷가를 찾은 일은 있었지만 자주 볼 수 없는 서해는 파란 바다 그 자체를 보고 싶었다. 아무것도 보이지 않을 때는 안경을 닦을 일이다. 안경을 벗으면 흐릿하게 보이는 게 일상인데도, 유난히 흐릿한 것에 갑갑증이 난다. 입김을 호호 분다. 겨울 유리처럼 김이 서린 안경을 닦는다.
　간밤에 이것저것 읽은 책모서리에 깨지고 부서진 잠이 청승스럽게 눈을 감긴다. 그렇잖아도 보이지 않는 바다가 불만스러운데 핑계 삼아 아예 감아버린다. 안경은 때때로 눈 동작을 숨길 수 있어서 좋다.

한껏 자고 난 후의 개운함과 달리 창밖의 해무는 아직 깔렸다. 회색빛 속을 아스팔트가 차고 나간다. 이정표를 잘못 읽은 베스트드라이버의 회항에도 너그러운 사람들, 침묵 또한 무채색이다. 어쩌면 서해 철책의 역사에 가슴 아픈 글들을 마음속으로 쓰고 있는지 모른다. 회색빛 바깥은 바람도 실실 불며 계절에 맞지 않게 을씨년스런 풍경을 지속하고 있다. 괜스레 안경만 콧등 위로 밀어 올린다.

버스가 멈췄다. 탄수화물이 부족했던 탓인지 시장기가 기다렸다는 듯이 꼬르륵 소리까지 동원하며 야단법석이다. 배고픔을 이기는 장사는 없다. 마치 버스에서 내리면 해무에서 벗어 날 것 같은 기분에 서둘러 내린다. 해무의 바다와 나란히 하고 있는 뜰을 지나 계단을 오른다. 몇 개 안 되는 계단이 가파른 느낌이 드는 것은 몸이 무겁다는 신호다. 등줄이 당긴다. 보랏빛 모란이 눈을 맞추자고 불러도 지금은 그럴 때가 아니다. 늦은 철쭉도 덩달아 같은 표정을 보내와도 지금은 때가 아니다. 이곳에서 유명하다는 간장게장 맛을 먼저 보지 않고서는 누구와도 눈을 맞추며 말하고 싶지 않은 시장기다.

시장기의 시중을 들어야 하는 식탁에서 게의 향기는 식욕을 돋운다. 혀의 오감이 먼저 맛을 다신다. 손님을 위해 주방에서부터 뚜껑을 열고 식탁에 오른 게는 다 녹은 애를 보이고 있다. 우리는 언제부터 이렇게 잔인했는지 애를 녹인 게에 반해서 환호성을 지른다. 남의 불행이 나의 행복이라고 하는 말에 반기를 들던 평소의 마음도 배고픔에는 백기를 들었다. 포만 후에 벗겨지는 해무를 보면서 소진된 에너지를 보충할 일이다. 긴 소매 끝에 게 흔적이 남으면 안 될 것 같다. 우선 겉옷부터 벗고 젓가락과 손가락을 번갈아 가며 부지런히 내 몫을 챙긴다. 아, 이제 앞도 보이고 옆도 보인다.

게 껍데기가 상마다 가득하다. 배당된 게 한 마리를 처리하는데 몇 분이면 됐는데 누구의 것이 모여서 된 건지 모를 게무덤에 모두 놀란다. 게는 먹으면 본전도 못 건진다고 안 먹는 사람도 있다던데 우리 일행은 그렇지 않았다. 수두룩한 껍데기에 놀랄 일도 일이지만 여성들이 후다닥 먹고 치운 뒷모습이 아닌 것 같아서 싱겁게 웃는다. 마침 K시인이 부른다. 그녀의 부름을 기다리기나 했듯이 바쁘게 방을 빠져나온다. 작약꽃 터지는 소리가 예쁘다. 적당한 시선거리에 있는 바다의 빛깔은 가끔 얼굴을 파르라니 내미는 걸 보니 날씨가 찬찬히 깨일 모양이다.

황희 선생 영당지에 도착했다. 황희는 개성에서 출생하여 14세의 나이로 복안궁 녹사가 되었다. 문서를 기록하는 일을 시작으로 오른 벼슬길은 순탄했다. 조선 초기의 재상 황희는 내외 관직을 두루 거쳤으며, 비교적 순탄한 그의 정치 행적이 청렴하고 깨끗했다고 전한다. 황희는 조선시대 최장수 청백리로 알려져 있다. 말년에는 파주, 이곳에서 지냈다. 이곳은 임금이 계시는 곳과 가깝고 그의 고향과도 가깝다고 한다. 황희기념관에서 그의 여생이 구십에 생을 마감하기까지

전 생애를 읽고 나온다.

 청백리 황희는 조선의 자랑이기도 하겠지만 장수 황 씨 가문의 자랑이며 영광이었음은 두 말 할 것도 없다. H수필가 역시 남다른 감회에 젖는다. 그와 함께 특별한 묵념을 가진다. 장수 황 씨 후손들이 육천여 평의 땅을 기증해서 황희 정승의 모든 것을 자세히 알 수 있게 자료를 모아 둔 이곳은 재상에 대한 정보가 거의 다 있다고 해도 좋을 것이다. 입구에 들어섰을 때 아담한 뜰에 어울리던 라일락이 생각나서 다시 그 곳을 찾아 인증 샷을 누른다. 그의 젊은 날의 추억은 무엇일까. 지난 일들이 모두 추억이라면 정치도 추억이었을까. 연보랏빛 꽃의 향기가 그의 발자취만큼이나 은은하다.

 언덕에 올랐다. 남북이 가르는 물길, 임진강이 내려다보이는 반구정은 황희 정승이 관직에서 물러나 갈매기를 벗을 삼아 여생을 보내려고 세운 정자다. 갈매기는 보이지 않는다. 환경 탓이라고 하지만 갈매기 없는 강, 해무가 날아다니며 채우고 있는 풍경이 수채화 같으면서도 야속한 생각은 어쩔 수 없다. 비록 지금은 볼 수 없지만 꽃피고 새가 울면 푸르른 강물 위로 백구들이 날갯짓 할 것 같은 상상을 해 본다. 자세히 보고자하는 심정에서 실눈을 만든다. 해무를 제치고 나오는 물결의 실루엣이 보인다. 출렁거리는 몸짓의 그림자가 상쾌하다. 정자에서 그의 그리움을 그리다보니 멀지 않은 곳에 똑같은 정자가 하나 더 있다. 정승과 어울리지 않는 호사에 왠지 불편하다. 아마

방촌厖村이 계셨으면 가문에서 하는 일이라도 말리셨을 것 같다.

　백성이 오직 나라의 근본이라 여긴 그 분의 일화는 많다. 그 중에 하나를 빌리자면 '누렁소와 검은 소이야기'인데 농부가 한 이야기를 새겨들어, 삶에 남의 이야기를 하지 않는 귀감으로 삼았다 한다. 누가 현자인가 모든 사람으로부터 배우는 사람이 현자라는 말이 있다. 방촌厖村이라는 호에서 그를 더 짐작케 한다. 시원하게 눈과 귀가 쏴아-아 뚫린다. 더 자세히 보려고 안경을 닦는다. 안개 속에서 파도를 찾는다. 순간 나는 강을 바다로 착각하고 있었다. 강은 연신 파랗게 웃으며 바다처럼 짙푸른 물푸레나무의 인자한 웃음으로 다가온다. 시간이 역사를 조명하듯 오늘의 해무도 시간이 벗긴다.

귀여운 외교관

진해 여성한글학교에서 베트남 출신의 찌티튀류 씨를 만난 건 이천구년 가을이다. 네 개 반인데 처음에는 우리 반은 아니었다. 가끔 복도에서 만나면 인사성이 밝았고 큰 눈이 서글서글하여 유난히 인상 깊었던 여성이었다. 내가 만난 베트남 여성 대부분은 눈이 크고 키가 작은 편이며 부드러운 미소를 잃지 않았다. 그런 특징을 다 가지고 있는 그녀는 부끄러움이 많았다. 끈기가 남다르고 자존심이 강하지 않았다면 그냥 한국으로 시집 온 베트남 사람으로 살게 되었을지 모른다. 겨울방학이 시작되던 날 나에게 찾아왔다. 내년에는 나와 함께 하고 싶다면서 열심히 공부하겠다고 했다.

우리 반은 무궁화반이다. 여러 선생님들은 모두 실력파라고 소문이 나 있다. 열심히 가르치기도 하지만 특수한 환경에서 하기 때문에 연구가 필요한데 그에 대한 시간을 아끼지 않는다. 특히 학생들에 대한 배려와 관심이 남다르다. 임신 중임에도 대학원을 다니는가 하면 이주여성과 관련된 논문도 준비 중에 있다. 다른 한 분은 아기자기한 성격에 친절함도 남달라서 학생들이 많이 따른다. 사목이신 선생님은 늘 잔잔한 목소리에 한결같은 미소는 학생들에게 친정어머니의 포근함을 느끼게 하여 인기가 만점이다. 이러한 선생님과 함께 한 시간은 무궁화반에서 꽃피고 영글고 열매를 맺는 편이다.

찌티튀류 씨는 다음 해 봄에 우리 반으로 올라오지 못했다. 교실로 나를 다시 찾아 왔다. 승급시험에서 점수가 모자랐던 것이다. 열심히 했으나 많이 부족했던 것 같다고 하면서 더 열심히 해서 다음 학기에는 오겠다고 다짐하는 모습을 보였다. 그녀의 발음은 유난히 베트남 모국어의 영향에서 벗어나지 못하고 자세히 듣지 않으면 무슨 소리인지 구별이 안 됐다. 총인구의 87%를 차지하는 킨족의 모국어이자 베트남의 공용어인 베트남어는 대한미국에서는 월남어라고도 부른다. 지역에 따라서 'ㄹ' 발음이 잘 안 되는데 그녀의 발음은 특히 'ㄹ'의 장애가 심했다. 나도 처음에는 이들의 말에 적응이 되지 않아서 가끔 귀가 따갑다는 느낌을 받을 때도 있었다. 언어도 문화처럼 적응이 필요하다.

토픽 준비하는 반 분위기는 진지하다. 인제대학교에 출강하면서 교환학생들과 하는 역할극을 재연한다든지 일상어만 하는 이들에게 전문어를 익히는 기회까지 만들었다. 토픽 합격은 이들의 꿈이다. 최선을 다 하면 안 될 것이 없다는 각오로 전념했다. 여성들도 잘 따라주었다. 다음 해 가을에 합류한 그녀는 남보다 일찍 등교하고 마지막에 교실을 나갔다. 칠판 정리 등 마무리 하는 것을 도맡아 하므로 반장을 위시하여 그녀에게 우호적이었다. 친구들과 사귐도 좋아서 솔선수범하는 일을 모두 미쁘게 보았다.

중국, 일본, 캄보디아, 우즈벡, 페루 등의 다양한 여성들이 모인 한국어시간은 모두의 귀가 솔깃솔깃 선다. 특히 읽기 시간에 찌티튀류 씨의 발음은 친구들의 귀를 거슬린다. 하지만 워낙 붙임성이 있고 봉사하는 모범을 보이니까 고쳐지기를 기다리며 친구들은 인내했다. 다른 친구들이 다 읽은 후에 읽기를 시킨다. 그녀는 나의 의도를 파악하고 친구들이 읽을 때 집중한다. 따라 읽기를 서너 번 시켜도 낯붉히는 일없이 잘 따랐다. 중국에서 온 진신 씨의 협조가 많았고 지금 정식교사가 된 류정 씨도 공부해 온 연습과정을 자연스럽게 반복하도록 도왔다.

생활대화문은 과의 본문 첫 장마다 나온다. 항상 그 날 배운 대화문을 외우기 숙제로 내 주는데 그녀는 한 번도 빼먹지 않고 숙제를 했다. 꾸준한 숙제는 발음을 고치는데 매우 도움이 되었다. 외우기를 할 때 까다로운 발음은 은근슬쩍 지나가는 것이 아니고 천천히 극복해 나갔다. 결국 20과 전체의 본문을 줄줄 외웠으니 발음은 눈에 띄게 좋아졌다. 친구들이 인정하는 부러움을 한 몸에 받았다. 그렇게 되자면 본인 스스로 노력의 결과라는 것을 모두 알기에 박수를 보낸 것이었다.

　수업 시작 전에 커피타임이 있다. 베트남 학생들은 프림커피를 잘 마시지 않는다. G커피를 선호한다. 그녀는 일찍 등교하니까 친구들에게 커피나 차를 먼저 대접하는 서비스도 자기 몫이다. 복습과 예습을 철저하게 하는 그야말로 모범적인 모습은 그 후에도 계속되었다. 쓰기 시간은 발음과 달리 다른 학생들보다 철저하게 문법에 맞게 쓰는 연습을 아끼지 않는다. 칠판에 문장을 쓴다. 순서 없이 나와서 쓰는 것 같지만 순서가 있다. 차례에 거의 빠지지 않는다. 오히려 문장 만들기를 즐기는 그녀의 문장 만들기 실력은 뛰어나다.

　진신과 류정 씨는 토픽 5급에 합격했다. 진신 씨는 시부모님 모시면서 공부를 학구적으로 하는 학구파다. 류정 씨는 진주 교대에서 실시한 교육 자격증을 따기 위해 거의 열 달을 오갔다. 둘은 우리 반의 본보기였다. 4급도 여러 명 합격했는데 그녀도 4급에 당당하게 합격했다. 합격증은 유효기간이 2년이기 때문에 공부는 계속해야 한다. 반장 선거는 철저히 비밀투표를 실시한다. 선거에서 과반수이상의 득표를 얻어 반장으로 뽑혔다.

　그녀는 여기에서 멈추지 않았다. 끊임없이 도전하더니 결국 5급도 거뜬히 합격했다. 통역사 시험을 쳐 보는 것이 꿈이었던 그녀는 두 번

도전에서 합격하는 쾌거를 올렸다. 목표를 향해 한 걸음씩 포기하지 않고 꾸준히 가는 모습이 은연중에 그녀의 모습이 되었다.

찌티튀류 씨는 유명세도 탔다. 지금은 초·중·고등학교에 나가서 베트남 문화를 강의한다. 선생님이 되고 싶다던 소원을 푼 것이다. 더구나 베트남으로 유학 갈 준비를 하는 고등학교 삼 학년 학생을 주말에 개인지도까지 하고 있다. 그녀에게 먼 이야기였던 일이 지금 그녀에게 일어나고 있는 것이다. 야회학습 가는 날 나에게 말했다. 고향에서 고등학교 다니는 남동생을 대학에 보내고 싶다고 했다. 야무지게 결심하는 눈빛이 꼭 그렇게 하겠다는 다짐으로 보였다. 역시 일곱 형제의 맏이는 어디가 달라도 다르다는 대견스러움이었다.

야외 수업 가는 날이었다. 나는 앞자리를 멀미하는 학생에게 내어 주고 중간 쯤 그녀 옆에 앉았다. 전날 늦게 든 잠이 피곤해서 눈을 감았다. 가만히 어깨를 내어 주면서 기대라고 하지 않는가. 너무 낯선 제의에 망설이니까 집에서 자연스럽게 하는 일이란다. 나보다 더 작은 어깨가 나를 편안하게 할 줄 몰랐다. 나를 따라 행진하면서 한 번도 지친 기색을 보이지 않던 그녀의 어깨는 야무지고 든든했다. 찌티튀류 씨의 열정이 대한민국과 베트남을 잇는 가교가 될 것으로 믿는다.

그녀

수요일은 그녀를 만나러 가는 날이다. 대연동 M시장 안에 있는 아담한 4층 건물에 잠시 머무는 그녀들을 만나기 위해 2006년 6월부터 '문학으로의 초대' 프로그램으로 자원봉사를 시작했다. 일주일에 한 번 가지만 그녀는 나의 정다운 이웃이다. 일주일마다 새 얼굴이 있고, 출산해서 보이지 않는 사람 등 거의 다섯 명 정도의 그녀가 나를 기다린다. 초면인 그녀는 첫 만남이 어색해서 나에게서 멀리 떨어져 앉아서 얼굴을 쉽게 보여주지 않는다. 반복되는 일이라 첫 날은 관계만 맺는 일로 끝난다. 사실, 관심이다. 그녀의 마음이 편안하기를 바라는 마음을 드러내지 못하고 기다릴 뿐이다.

그녀는 다음 주가 되면 변화가 되어있다. 생활 속에서 안정을 찾는 것은 물론이고 태아를 사랑하는 모습과 마음이 확연하다. 너무나 당연한 일인데 나는 왜 신바람이 나는 것일까. 첫 주부터 마음을 드러내지 못하는 것에, 적극적으로 요구하지 못한 것이 안타깝지만 시간이 요구될 때 시간에게 미룰 필요가 있다고 여긴다. 툭 터놓고 말하지는 않지만 부끄럼은 거의 없어졌다. 출산에 대해서 궁금한 것을 어렵게 묻는가 하면 자기의 몸태에 대해서 농담을 하기도 한다. 몇 해를 계속하면서 나에게는 불문율이 있다. 개인 신상을 묻지 않는 것이다. 상담 선생님이 상주하고 있는데 공공연히 물어 보는 것은 상식 없는 일이며, 나는 이 시간 외 그녀에게 해 줄 수 있는 게 없기 때문이다. 다만 '문학으로의 초대'를 통해 그녀와 가깝게 소통하며 조금이나마 문학의 쓰다듬을 받게 하고 싶은 욕심이다. 시를 통해 긍정적으로 세상과 함께 하고, 수필을 읽으면서 삶의 다양함이 희망의 싹이 되기를 바라는 마음이다.

더 욕심을 낸다면 문학에 관심을 가져서 일상생활로 돌아가면 문학으로 삶이 윤택해 지는 것이다. 이웃과 시를 낭독하고 수필을 읽으면 이야깃거리가 생겨서 좋지 않은가라고 하면 웃기만 하는데 그것을 수긍한다는 것으로 받아들인다. 위로를 받고 싶을 때 어떻게 하느냐고 묻는다. 다양한 대답이 나올 것을 기대하는 것은 나의 희망사항일뿐 무응답이다. 그러나 계속해야 한다. 우리는 사회에서 한 배를 타고 살아야 할 사회일원이기 때문이다.

이곳에는 그녀를 위해 수련한 사회복지사들이 많이 근무하고 있다. 그들을 보면 톨스토이의 "인간의 노력은 그 자체가 바로 목적이고 결코 수단은 아니다."라는 말이 떠오른다. 하나같이 그녀를 위해 최선을 다하고 있으며 그녀에게 불편한 상황이 일어나지 않도록 세심한 신경과 배려를 아끼지 않는 것이 눈에 보인다. 산부인과에 정기적으로 동행하는 것은 물론이고 그 외 내과, 치과 등 개인적인 치료에도 동행한다. 산모는 출산 전까지 산모자신과 태아를 거의 맡긴 셈이다. 그녀와 사회복지사, 두 몸이 한 몸처럼 움직인다고 해도 과언이 아니다.

  관심은 사람을 변화시킨다. 나와 같은 자원봉사자들은 거의 관계만 하고 있는 셈이고 관심은 크게 가지지 못한다. 일시적인 만남이기 때문이다. 관계는 어휘의 뜻 그대로 연결의 범주를 넘지 못하고 상대와 악수하는 거리이다. 관심은 사전적 의미 그대로 마음이 끌려 신경을 쓰거나 주의를 기울이는 것이다. 밀착이다. 사회복지사들은 클라이언트의 안색이 달라도 금방 알아본다. 자원봉사자에게 열어 놓지 않는 마음을 사회복지사에게는 연다는 것은 관계와 관심의 차이라고 여겨진다.

  문학으로의 초대에 시집보다 뜨개질을 멈추지 않던 그녀가 있었다. 뜨개질을 말리지 못한 것은 평소에는 그런 행동이 없었기 때문이다. 꼭 이 시간에 마무리해야 하느냐니까 그렇다고 하면서 조금만 시간을 주면 마무리한 후에 전후사정을 말하겠다는 것이다. 손바닥에 넣으면 딱 들어 갈만한 동전지갑이다. 돈이 많이 들어 갈 지갑이었으면 내가 말렸을까. 다만 안타까운 것은 출산일이 모레라서 가만있어도 힘들어 보인 노파심이다.

동전지갑은 붉은색이다. 하트모양인데 누가 보아도 탐이 날 정도로 예쁘다. 미래를 약속한 남자, 태어 날 아기아빠에게 줄 선물이란다. 직업은 학생인데 학생이 직업이 되느냐고 나에게 반문한다. 그녀는 학생이 직업인 그가 좋아서 아기는 그녀가 키울 작정이란다. 어른들에게 허락받을 용기가 없어서 용기가 생길 때까지 기다리겠다고 하는 그녀는 눈빛에 희망이 가득 찼으나 얼른 눈길을 돌려야 했다. 그녀의 손끝에서 떨림이 있는 것을, 왜? 라고 물을 수 없다. 희망의 역할은 가늠되지 않는다. 하지만 클라이언트에게 확실한 피드백이 되기 때문에 희망 건네기를 멈출 수 없다. 그녀를 위해 그녀들이 박수를 쳤다.

십여 년 넘게 진행한 프로그램에서 시 낭독은 많은 부분을 차지했다. 시 감상을 낭독과 연결했기 때문이다. 시를 자기 목소리로 담담하게 읽으라고 한다. 시 낭독은 타인에게 전달이라는 목적이 있기 때문에 끊어 읽기, 연음법칙에 의해 발음되는 것 등 간단하게 연습한다. 가성은 하는 사람과 듣는 사람 모두에게 거부감을 준다. 자기 목소리 자체가 진실이라는 것을 누구보다도 그녀는 알고 있다. 낭독 후에 세상에서 하나밖에 없는 악기라고 칭찬해 주면 우쭐거리는 제스처가 귀엽다.

시는 어렵다고 하면서 시 짓기를 즐기는 그녀가 있었다. 그녀들이 전부 시 짓기 연습을 하려면 분위기가 중요하다. 시를 소개하면서 이해할 수 있도록 설명을 곁들인다. 시 속으로 들어가는 기분이 되면 시 짓기 시간을 준다. 잠시 시인이 먼저 되면 어떤가. 시보다 먼저 태어나 시 속에서 흔들거리면 어떤가. 기분전환이 필요할 때 시 짓기는 안식의 시간이 된다. 공개적으로 발표하지 말라는 당부에 혼자 볼 수밖에 없다. 대부분 무언가에 대한 후회거나 그리움이 많다. 눈물을 글썽거릴 때는 빨리 분위기 전환을 한다. 관계의 거리를 지키려고 애쓰는 내가 미울 때가 바로 이 때다.

　몇 해 전에 소설가라고 하면서 전화가 왔다. 미국에서 몇 년 살면서 그녀에 대한 글을 쓰기 시작했다는 것이다. 나를 찾아가면 그녀에 대한 이야기를 많이 들을 수 있다고 누가 귀띔하더란다. 나를 당황하게 한 것은 그다음 말이다. 그녀가 있는 곳에 청소부로 들어가서 일하면서 글을 쓰고 싶다고 일하도록 좀 해 달라는 것이다. 의욕이 화를 부를 사람이라는 느낌이 스쳤다. 참 딱했지만 나에게는 그런 일에 결정권도 없을뿐더러 그녀에 대해서 할 이야기가 없다고 말했다. 정말 할 말이 없었다. 나는 그들과 이웃처럼 놀았으니 가까운 이웃의 일을 함부로 말할 수 없다. 사실 알고 있는 것이 무엇인가. 수필을 쓴답시고 그녀에게 위로도 되지 않는 글을 쓰고 있는 것이 조심스럽다.

올해 유월로 자원봉사는 끝이 났다. 헤어진 그녀의 얼굴은 단 한 사람도 뚜렷하게 그려지지 않는다. 참 다행이다. 나에게 '문학으로의 초대' 시간이 기억이 많이 날 거라고 하면서 눈물을 글썽거렸거나 쪽지 글을 남기고 떠난 그녀들의 미소가 가슴에 남아있다. 막을 내릴 때까지 프로그램명을 바꾸지 못한 까닭도 그녀들과 기억을 함께 하고 싶어서였다. 그녀와 함께 한 시간은 이제 멈추었다. 미혼모가 상처가 되지 않는 날이 빨리 오기를 고대한다.

제4부

라일락 향기를 즐기다

서문고갯길 / 추억의 뱃고동 소리 / 꽹과리 / 모차르트의 도시
/ 문어다리 놀이 / 형님들 / 돌아오는 길

서문 고갯길

　오전 마지막 수업은 항상 지루했다. 초등학교 4학년 때는 오전 수업이 끝나면 집으로 점심을 먹으러 간다. 넷째 시간 마칠 때쯤 되면 이미 엉덩이는 반쯤 의자에서 떼고 있다가 종이 울리면 누가 먼저랄 것도 없이 다투어 뛰어나간다. 급한 마음은 서로 엉켜 넘어지기도 하여 좁은 교실 문을 나서기도 전에 난리법석이다. 선생님은 허허 웃으시면서 천천히 가라고 되풀이하시지만 소귀에 경 읽기다. 눈 깜짝할 사이에 텅 비는 교실을 뒤로 한다. 우리들은 교문 밖에서 흩어지고 일부는 오른쪽에 있는 서문 고갯길을 향한다.
　나는 서문 고개 등줄기까지 아이들과 뜀박질을 한다. 서문 고갯길을 중심으로 오른쪽까지는 T초등학교 구역이고 서쪽부터는 C초등학교 구역이다. 우리 집은 서쪽에 있었으므로 C초등학교를 다녀야했지만 친구들과 헤어지기 싫어서 전학을 포기했기 때문에 고갯길 등줄기에서 내려갈 때는 혼자였다. 둘만 되어도 앞서거니 뒤서거니 하면서 달렸겠지만, 그림자 하고 달리기 하려고 해도 그림자는 항상 내 옆에 비켜서거나 뒤를 따라오니까 혼자 하는 일등은 아무 의미가 없지 않겠는가. 시냇물이 굽이돌아 흐르듯이 울퉁불퉁한 고갯길을 물처럼 흘러 다녔다. 양지와 음지가 수시로 변하는 길은 시원하고 따뜻하기도 했지만 그에 못지않게 춥거나 서글프기도 했다.

　서문 고갯길은 혼자 걸으면 까꾸막을 내려가니까 집에 빨리 닿는 느낌을 훔치고 급경사가 있는 곳에는 아기자기한 돌계단이 있어서 두 발을 모으고 깡충거리는 재미를 훔친다. 그러다가 만나는 민 길에서 한 걸음만 걸어도 돌계단 서너 개를 건너뛴다는 느낌의 재미난 축지법은 친구들은 모르고 나만 아는 비밀이다. 그뿐만이 아니다. 한눈을 팔 수 없을 것 같으면서도 한눈팔고 걸어도 안전하다. 오른쪽으로 시선을 주면 친구네 대밭이 산기슭을 푸르게 흔드는 풍경이 볼 만하고, 충렬사 뒷담에서 풀을 뜯는 소가 길 건너 나를 아는 체하며 음-매 하는 소리에 화답하는 재미도 있다. 소는 한 마리일 때도 아는 체 소리하지만, 염소는 두세 마리 정도라야 매~에에 하며 으스대고 불러댔다. 이런 화답 놀이에 나의 점심시간은 항상 짧기만 했다.

　점심을 먹고 나면 동쪽으로 간다. 언덕 중심 골목에는 수업이 끝난 저학년 개구쟁이들이 구슬치기, 딱지치기, 자차기 등을 하느라고 삼

삼오오 모였다. 손으로 닦아서 반질반질 윤이 나는 땅은 구슬이 또르르 잘 구를 것 같은데 그리 쉽지 않은지 표정들은 여간 심각하지 않다. 옆에서 훈수를 둘 수 없다. 훈수 잘못 들면 뺨이 석 대라는 말이 있다. 잠시 눈길을 주다가 갈래 골목에서 나오는 아이들과 어울려서 학교로 달린다. 누가 잘 달리나 내기는 안 하지만 숨을 헐떡이며 교문까지 달리기를 멈추지 않는다. 이 길에서 중고등 시절 단거리 선수가 되는 기량을 미리 키웠던 것 같다.

원숭이도 나무에서 떨어지는 날이 있다. 어느 날 돌부리에 걸려서 탁 넘어졌다. 보통 걸음으로 걸었으면 덜 다쳤을까. 누가 빨리 뛰나 내기하듯이 뛰다가 돌부리에 걸렸는데 무릎의 충격은 이만저만이 아니었다. 무언가 꽉 찢기는 느낌이 사라지기도 전에 친구가 먼저 "뼈다!" 소리치는 바람에 눈물부터 펑펑 쏟아졌다. 어머니와 함께 달려온 이웃의 등에 업혀서 병원으로 갔다. 의사 선생님은 깁기는 좀 늦었다고 했다. 천만다행이었다. 바늘과의 악연을 피했기 때문이다. 골마루에서 놀다가 발바닥으로 들어간 바늘을 거의 파내다시피 해서 꺼낼 때 불안했던 기억 때문이다. 병원 문을 나설 때 다리를 절면 다시 오라 할까봐 꾹 참고 바로 걸었다.

서문 고갯길을 통영사투리로 서문 까구막이라고 불렀다. 까꾸막은 언덕배기라는 말이다. 그 길을 하루에 두 번씩이나 왕복을 하다 보니 눈 감고 걸어도 어디에 돌부리가 있는지 없는지 훤하다. 길은 양면성을 보았다. 바쁜 등굣길은 숨차게 하고 하굣길은 숨쉬기를 가볍게 했다. 나의 변화무쌍한 숨을 고르는 것은 악기소리였다. 트럼펫 부는 소리와 피아도 건반의 실루엣이 악기 소리로 스크럼을 짜고 있는 아름다운 길이었다. 건반 악기의 매력을 만나고 훗날 소녀의 기도와 엘리제를 치게 하는 열정을 내게 준 것이 이 길이었다.

바운스가 있는가 하면 수수란도가 있는, 강약과 속삭임이 어우러진 길을 허접한 걸음걸이로 걸을 수 없다. 톡톡 말을 거는 스토리텔링의 비밀이 있다. 영부인 공덕귀 여사의 생가가 있으며, 박경리 작가의 삶의 길인가 하면, 김 약국의 딸들이 수없이 오르내린 소설 속의 길이다. 두석장의 일인자 무형문화재 김덕룡 장인이 거기에 살았고 이대 째 김극천 장인이 지금도 살고 있다. 그리고 아름다운 동화를 써서 동화작가의 꿈을 이룬 한수연의 꿈길이기도 하니 과히 환상적이지 않은가!

물이 귀한 통영에서 우리 동네는 달랐다. 서쪽 고갯길자락에는 가뭄에도 물 마르지 않는 명정샘이 있다. 밤낮으로 퍼 올려도 넘치지 않던 칠 부 능선, 신비의 샘이라고도 했다. 서문 고갯길에 살았던 친구들은 한 우물물을 먹고 자란 셈이다. 가뭄이 들면 서문고갯길 동쪽에 집이 있는 친구가 물 길러 온다. 탱자나무 울타리는 가시는 있으나 순하다. 친구가 밖에서 부르면 듬성듬성 난 구멍으로 목소리를 들여보낸다. 얼른 두레박을 가져 나가서 친구는 물동이 이고 나는 두레박에 물을 채우고 친구 집까지 길을 함께 한다. 찰랑찰랑 물소리가 말동무 하는 고갯길은 보리밥 위에 찐 고구마 냄새가 구수한 친구 집의 부엌에서 끝난다.

  서문 고갯길은 나에게 아롱다롱 추억을 많이 안겼다. 나를 위한 이벤트가 여기에서 만들어졌다고 해야 할까. 삶에 대한 물음을 위해 때때로 이 길을 걷는다. 오선지의 선처럼 반듯해진 길은 낯설지만 불편하지는 않다. 높은음자리표의 아름다운 곡선에서 살아나오는 추억의 변주곡이 여기에 있다.

추억의 뱃고동소리

부산부두의 국제선터미널 앞을 지나는데 부-웅 우는 뱃고동소리가 가슴으로 밀려온다. 뱃고동소리다. 갓길에다 차를 세웠다. 언제부터 어쩌다가 나는 이 소리를 잊고 살았단 말인가. 여운은 꼬리를 물고 순식간에 온몸 속에서 소리의 진동을 재생시키고 있다. 항구를 떠나는 배가 돌아올 것을 기약하는 소리여도 좋고 험한 파도 속에서 살아 돌아온 생명을 알리는 소리여도 좋다. 오늘은 추억 속의 그리움으로 이 소리를 듣고 싶다.

뱃고동소리는 울릴 때마다 감정이 다르다. 어릴 때도 그랬다. 뱃고동 소리가 울리면 가던 길을 멈추고 여운이 사라지도록 숨을 고르며 듣기도 했다. 그 기운은 방학이 시작되면 더 심했다. 어느 해 여름방학이었다. 부산에 있는 외갓집에 가고 싶다고 어머니를 졸랐는데 쾌히 승낙하지 않아서 그러라고 할 때까지 운 적이 있었다. 달래고 보채는 실랑이는 어머니가 허락을 하시고 내 울음이 끝나는 것으로 일단락되었다. 뱃고동 소리를 듣기보다는 뱃고동소리가 있는 배를 타고 싶었다. 그날 밤 나는 뱃고동이 되는 꿈을 꾸었다. 부-웅 울다가 잠에서 깨어났다.

금성호는 오전 아홉 시에 출항한다. 고등학생 언니는 하복을 입고 나는 새 원피스를 입고 선착장에서 어머니의 이것저것 주의하라는 말을 듣고 배에 올랐다. 이 층 선상에 섰다. 어머니가 잘 보이는 곳을 향했는데 서서히 밧줄이 풀리면서 꽁무니를 뒤로 밀며 움직일 때 가슴이 썰렁했다. 마치 허전함을 눈치 챈 뱃고동 소리가 내 옆에서 울렸다. 순간적으로 굴뚝에서 소리가 난다고 착각하여 날아가는 연기는 소리로 보였다. 뱃고동 소리의 여운이 통영 강구에 남은 어머니의 마음을 흔든다. 손을 흔드는 어머니를 멀리 보며 울먹이는 손을 흔든다.

뱃고동소리를 들으면서 상상을 많이 했던 탓에 나의 손은 자연스럽게 흔들어 댔다. 어머니는 손짓으로 선실로 들어가라고 하지만 공주섬이 보이지 않고 남망산의 자락이 멀어질 때까지 어머니를 향해 손을 흔들었다. 어머니가 고향을 지키는 등대처럼 보였다. 푸르른 바다는 강구를 벗어나면서 안면을 바꾸려는 듯 시퍼런 입술 속에서 흰 물거품을 품어내며 요동쳤다. 내가 상상한 바다가 아니었다. 갑자기 바다가 무서워서 언니 손을 이끌고 선실 안으로 들어갔다. 어른들은 이미 알았는지 몸을 바닥에 붙인 채 그것들을 외면하고 있었다.

객선은 성포에서 뱃고동을 울린다. 우락부락한 짐들이 사람보다 먼저 실리고 선실 안팎은 통영 김밥 할머니들이 펴 놓은 김밥장場이 문전성시를 이룬다. 아침을 먹는 둥 마는 둥 하고 나온 사람들은 아침 삼아 점심 삼아 차린 김밥상이다. 반찬 꼬지 맛이 일품이다. 꼴뚜기 하나, 어묵볶음 하나, 나박김치 한 쪽씩 섞여 끼워진 꼬지에서 반찬 빼먹는 재미가 더 쏠쏠하다. 우리도 뒤질세라 그 재미에 빠졌다. 하나씩, 둘씩 빼 먹은 반찬 꼬챙이로 이를 쑤시는 사람들이 늘어나면 할머니들은 성포에서 내리고 포만감은 부산으로 향한다.

선실 안에서 보이는 바다는 강구에서 먼 바다다. 파도의 움직임이 보이지 않고 하늘과 닿은 바다가 하늘빛으로 보인다. 파도가 있는 날의 바다는 파도의 능선이 높고 가파른 까닭에 가만히 서 있어도 뒤로 앞으로 흔들린다. 누워도 느껴지는 파도의 움직임에 멀미를 느끼고 언니의 무릎을 벤다. 책을 읽던 언니는 책으로 내 얼굴을 덮어준다. 여객선실에서 풍기던 기름 냄새는 사라지고 종이에서 피는 나무냄새가 마음을 편하게 했다. 언니가 나를 깨웠을 때, 배는 부산 턱 앞에 있었다.

용두산 공원과 영도다리가 있고 빌딩들이 도시의 주름처럼 겹쳐져 있는 부산 속으로 배가 들어간다. 이 층 선상에 선, 나에게 다가오는 높고 낮은 빌딩은 통영과 낯선 풍경이었으나 저 만치 보이는 용두산

탑은 오래전에 보았던 것처럼 다정했다. 서서히 선착장에 밧줄을 던지는 갑판원의 뒤로 줄을 섰다. 선실에서 헝클어진 모습으로 자던 모습을 언제 씻었는지 모두 말끔한 도시인이다. 외갓집은 부산대학병원 뒤에 있다. 외할머니와 외삼촌 내외가 반겨주지만 우리는 돌아 갈 날을 잡는다. 외숙모는 성격이 깔끔하셔서 걸레도 행주처럼 하얗게 쓰는 분이다.

외할머니랑 하룻밤이나 이틀 밤 정도 자면 언니를 보챘다. 외갓집도 좋지만 뱃고동소리에 나를 싣는 것이 더 좋았기 때문이다. 부산을 떠나오면 가덕도를 지날 때 뱃고동소리가 길게 울린다. 따라오는 갈매기가 턴을 해야 될 시점이다. 어머니가 선실로 들어가라고 하던 손짓처럼, 갈매기한테 부산으로 들어가라고 손짓한다. 더 따라오면 바다에서 헤엄치는 파도의 등이 높아서 먹잇감을 줍기가 힘들 것이다. 도시 갈매기라서 그런지 눈치가 빨라서 그런지 어느새 떼 지어 날던 풍경이 사라졌다. 부산뱃고동소리가 통영으로 나를 따라왔다.

방학 일기장에서 계속 우는 뱃고동 소리, 길기도 길었다. "뱃고동 소리가 없었으면 어찌할 뻔 했노?" 라고 물으면 할 말이 없다. 정말 그랬으니까. 뱃고동소리가 시동을 걸어 주지 않았다면 쓸 건더기가 없어서 백지를 낼 뻔했다. 문득 아찔하다. 친구와 다른 일기를 쓰고 싶어 부산을 갔다 왔다면 변명일까. 일기장은 개학날을 손꼽아 기다렸다. 부산을 건너 온 뱃고동소리를 친구들에게 재미있게 읽어 주실

선생님을 빨리 만나고 싶어 안달이다.

  뱃고동소리는 영원한 추억의 소리다. 독서를 하게 했고, 일기를 빠지지 않고 쓰게 했으며, 우울한 마음을 쓰다듬어 주기도 했다. 바닷가에 살면 날이면 날마다 들을 것 같지만 귀를 기울이지 않으면 들리지 않는 게 그 소리다. 빌딩의 골목에서 빠져나와 향수에 젖게 한 뱃고동소리의 여운을 가슴에 안고 시동을 건다. 너에게 전율한 이야기를 한 편의 수필에 옮겨 간직하고 싶다.

쨍과리

내 이름은 미정이다. 나와 친한 친구의 이름은 이미, 외자였다. 초등학교 시절에는 국어시간이면 비슷한 말, 반대말을 외워서 친구들과 놀기 삼아 문답을 하기도 하고 시험에도 약방의 감초처럼 나왔다. 미정의 반대말은 결정이고, 이미의 비슷한 말은 벌써다. 개구쟁이 친구들은 "결정아", "벌써?" 라고 부르며 까불댔다. 그럴수록 낭패를 본 것이 아니라 이름이 났다. 다른 반 선생님과 다른 반 친구들도 그렇게 불렀으니 호(號)가 난 셈이다. 동변상련의 경험이 우리를 친하게 했다.

가을이면 통영 시내 초등학교 전체가 어울려 가을 운동회를 한다. 부모님도 도시락을 준비해서 오기 때문에 통영 사람들의 축제다. 공설운동장으로 줄지어 가는 각 학교 학생들의 행렬도 볼 만 하지만 길을 따라서 응원가를 목청껏 부르는 자유는 신명이다. 우리들 세상이다. 축제의 마스코트 같은 마스게임의 시작으로 오른 막은 그것으로 내린다. 운동회 때마다 운동시합의 결과보다 꽃보다 아름다운 그 율동이 나를 감동시켰다. 사 학년이 빨리 되고 싶었다. 일사분란하게 하는 것도 멋있지만 하얀 발레복을 입는 것은 동화 속에서나 있을 법한 일인데 매스게임을 하면 당연히 입는다. 나에게 사 학년은 꿈이었다.

1학기는 다른 아이들과 같이 지나갔다. 2학기가 되면 매스게임 연습을 하는데 구월은 더위가 가시지 않아 아침 일찍 연습한다. 체육대회가 가까워지면 오후에 집중적으로 연습하는데 나는 어머니가 만들어 주신 덧신을 잘 때마다 머리맡에 두고 연습할 날을 손꼽아 기다렸다. 그러나 어쩐 일인지 여름방학 때부터 감기 증세가 오래 계속되고 고열이 떨어지지 않아 시름시름 앓았다. 감기약도 잘 듣지 않아 걱정하던 어머니가 나를 데리고 병원으로 갔다. 의사 선생님은 어머니에게 청천벽력 같은 말을 전했다. 열병으로 불리는 장티푸스라고 했다. 그때는 치사율이 높았다.

집에서 가족의 간호를 받고 사람들과의 접근이 금지되었다. 격리 치료였다. 놀란 어머니는 방을 정리하여 방구들을 나에게 주었다. 나는 평소에도 잘 아팠다. 고열에 시달리기도 일쑤여서 업혀 병원으로 간 것이 기억으로도 셀 수 없다. 또 홍역은 얼마나 심했던지 나흘이나 말문을 닫아서 벙어리가 되는 줄 알았다하니 부모님의 가슴을 덜컹

거리게 한 일이 한두 번이 아니다. 어머니는 나와 함께 긴 투병에 들어갔다. 물론 가족 모두 투병하듯이 협조가 되지 않았다면 지금의 나는 없을 것이다.

투병은 겨울 언저리에서도 끝나지 않았다. 어느 날, 혼자 방구들목에 누워 땀을 빼고 있을 때였다. 대문 밖에서 친구들이 부르는 소리가 몇 번 들렸다. 사실 대답할 기력이 없어 가까스로 몸을 일으켜 창호지 바른 방문을 기댔다. 방문 가운데 작은 유리창 쪽문이 있었는데 그것에 눈을 갖다 대고 밖을 보라고 준비 된 의자가 있었다. 유리창은 망원경 같았다. 친구 여럿인데 누가 누구인지 알 수 없었다. 무의식적으로 그것을 통해 바깥을 볼 뿐이었다.

친구들은 갑자기 이리저리 무언가 찾는 듯했다. 그러더니 노란 세숫대야와 양은 냄비뚜껑, 아궁이에 딱 붙어있는 쇠 솥뚜껑을 각각 들고 막대기로 사정없이 치면서 뱅글뱅글 돌았다. 나 혼자 있을 때 인기척도 없던 집 안팎이 갑자기 시끌벅적해져 버렸다. 정말 뜬금없는 친구들의 모습은 오랜만에 나를 웃게 했다. 친구들은 나를 연신 쳐다보면서 내가 웃는 것이 좋았든지 더 신나게 치고 놀았다. 물끄러미 보는 것도 길면 안 됐다. 사경을 헤맨 끝에 목을 가눌 수 있는 힘이 부쳐서 자리 잡고 누워야 했다.

어느덧 장티푸스라는 고비를 다 넘기고 살았다 싶으니 또 한고비가 기다리고 있었다. 머리카락이 몽땅 빠져서 모자를 쓰고 다녀야 했다. 머리카락이 듬성듬성 나서 내가 보아도 사내아이 같았다. 투병 중에 모자를 쓴 것은 어쩔 수 없다 해도 완치된 후에 쓰는 모자는 죽을 맛이었다. 갑갑중도 부채질했다. 모자를 안 쓰겠다고 고집 부려서 혼나기도 여러 번이었다. 5학년 초에는 거의 힘이 없어서 학교에 다니지 못했고 2학기에 등교할 때는 꼭 모자를 쓰고 나가야 했다. 선생님과 친구들은 귀엽다는 말로 '사내애'라고 부른다고 했지만, 집에 오면 울기도 했다. 거울 앞에서 이 머리카락이 언제 다 자랄까하는 고민에 빠져서 우울한 날도 많았다. 세월은 그때처럼 머리카락 빠지듯이 흘러가 버렸다.

마흔의 중반에 나의 첫 시집출판을 축하하는 행사를 남태평양호텔에서 가졌다. 그때 이미는 서울에서 친구 서너 명과 함께 참석했다. 우리 둘은 너무 반가웠고 그동안의 일상이야기로 행사가 끝난 오후 시간 내내 보내고 헤어졌다. 그리고 몇 해가 지났다. 강남의 고급 레스토랑에 VIP자리를 예약해 놓고 나를 기다렸다. 친구는 약속한 장소로 오면서 한강 다리 위에 무지개가 핀 것을 보았다면서 우리 만남의 뜻으로 무지개를 칭했다. 그러면서 장티푸스 걸렸을 때 친구 둘을 데리고 우리 집에 와서 꽹과리 친 이야기를 했다.

"아! 그럼, 그때 너였구나!"

나의 기억 중심에 있었으나 이름을 몰랐는데 그 아이가 이 미라니,

나는 일찍 알지 못한 것에 사과했다.

"미정아, 조금만 참아"

하며 마당을 벗어나면서 돌아보며 눈길을 오래도록 주던 친구가 이 미였다니 새삼 더 반갑고 고마웠다. 죽음의 문턱에서 무엇을 기억하고 살았겠는가. 그러나 '조금 참아'라는 말은 누가 했는지도 모르면서 기억하고 있었다. 나는 아이들을 키울 때 자연스럽게 했던 말이 "조금만 참아"였다. 공부할 때 어려우면 그 말이 제일 위로가 될 것 같았다. 아니면 원동력이기를 바랬다. 친구들이 느닷없이 한바탕 쳐준 꽹과리 속에서 튀어 나온 그 말은 그 후 나의 삶 속에서 내내 살아 움직였던 것이다.

사는 동안 우리는 어려운 상황을 만난다. 나도 친구처럼 누군가에게 꽹과리 쳐 주고 싶다. 우리 둘은 오래전부터 닮은 게 많다. 그때 신나게 쳐 주던 꽹과리 소리를 기억한다. 나도 친구처럼 꽹과리를 잘 칠 수 있을 것이다. 더불어 산다는 게 무언가. 슬픔에 빠진 이웃을, 친구를 위해 회복을 돕는 꽹과리를 쳐 주는 일 아닌가. 꽹과리 소리가 울린다. 친구가 불현듯 보고 싶다.

모차르트의 도시

나의 호기심을 자극했다. 영화 포스터에 펼쳐진 스위스 알프스 산맥의 아름다운 들판과 일곱 아이의 행복한 모습은 사춘기 여학생의 마음을 훔치기에 충분했다. 일부 고등학교는 단체관람을 했는데 우리 학교는 단체관람이 없다는 소문이 나돌았고 그 소문은 틀리지 않았다. 친구와 살짝 보기로 했다. 교칙을 어기는 일은 거의 없었기 때문에 마음이 조마조마했다. 어느 날 수업이 끝나자마자 서둘렀다. 마침 다른 학교 학생들이 단체 관람하는 시간과 맞닥뜨려 뒷줄에 따라 들어갔다. 교무주임에게 들키지 않았으나 뒷벽에 게딱지처럼 붙어서 졸인 마음은 뒷날 몸살로 이어졌다.

영화 첫 장면에는 들판에서 놀다가 성당의 종소리에 미사에 늦은 것을 깨닫고 뛰어가는 마리아가 있다. 무척 인상적이다. 수녀원 사람들은 마리아를 찾아 나선다. 수녀원장은 마리아의 행동이 개선되기를 바라며 어머니를 여읜 일곱 명의 아이가 있는 대령의 집에 가정교사로 보낸다. 대령은 마리아에게 일곱 명의 아이들을 집합할 때 사용하라는 호루라기사용법을 가르치려 하지만 과감하게 거절한다. 수녀의 명랑한 행동은 이것뿐만이 아니다. 커튼을 뜯어 일곱 명의 아이들에게 편의복을 만들어 입혀 자유를 느끼게 한다. 우여곡절은 중간 중간 많다. 후반부에서 독일을 벗어나기까지의 그들의 행로에 함께 호응하느라고 손에 땀을 쥐었다. '더 사운드 오브 뮤직'은 그렇게 나에게 다가 왔다.

그해 여름방학 때 하계수련회가 있었다. 청소년적십자사가 주최하는 부산·경남의 고등학교 학생대표의 리더십교육이었는데 우리 학교에서는 두 명이 참가했다. 장소는 부산 해운대의 '아네리세육아원'인데 현재 부산기계공업고등학교 자리가 아닌가 한다. 백 삼십여 명이 되는 남녀학생들은 모두 하복을 단정히 입고 입구에서 선배들의 환영을 받았다. 4박 5일의 보따리가 책가방보다 크고 무거웠지만 어색함보다는 덜했다. 쑥스러운 마음에 더해 고개를 들 수밖에 없었던 건 정문으로 오르는 길이 조금 높아서 고개를 숙이고 올라야 했다. 룸메이트는 나처럼 객지에서 온 밀양여고 학생이었는데 얌전한 인상이 고왔다. 이름표를 달고 있어서 이름과 학교명은 쉽게 안다.

강당에서 입단식을 한 후 돌아가면서 마인드 맵을 했다. 연이어 간단한 조별 인사를 끝내고 취침에 들었다. 다음 날 기상 벨은 새벽부터 우리를 깨웠고 군인처럼 손발을 맞추어 해운대까지 뛰었다. 해안선을 타고 끝에서 끝까지 쓰레기를 줍고 돌아오면 시장기가 돈다. 식당 입구에서 제비를 뽑는다. 제비에 쓰인 도시를 찾아가서 식사를 하는데 자연스런 만남이다. 조별 로 모든 행사가 진행되어 얼굴을 익힐 기회가 없는 친구들의 사귐 시간이기도 하다. 삼시 세끼 여행을 다니는 낯선 경험은 우리를 즐겁게 했다.

자치적으로 대통령도 뽑고 장관도 뽑았다. 대통령은 통영시의 T고교생이 되었으니 우리는 더 솔선수범하지 않으면 안 되었다. 고향까마귀는 보기만 해도 좋다는 말이 있는데 하물며 대통령까지 나왔으니 우리들의 행동은 그 자체가 모범이었다. 입시제도가 있을 때였으므로 K여고, B여고생의 교복에 관심은 갔다. 우리는 서로가 깍쟁이라서 친하게 지내지는 않았던 것으로 기억된다. 학생들은 모두 각 학교의 대표였으므로 교복을 입어도 편의복을 입어도 모두 단정했다.

셋 째날 퀴즈 대항이 있었다. 공부한 것을 평가하는 날이다. 내가 어째서 대표로 뽑혔는지 모르겠지만 우리 조 대표였다. 나는 세미나를 듣던 도중에 코피가 터져서 방에서 휴식을 취하라고 하는 바람에 세미나 참석도 못해서 필기가 부족했다. 더구나 우리 조에는 K고교생이 있었고 그 학생은 부산 전체의 대표학생이기도 해서 학생들의 선망의 대상이었다. 지금도 생각하면 알 수 없는 그 해프닝에 웃음이 나온다. 넓은 강당은 단막극의 무대와 토론장일 때도 퀴즈의 열띤 장일 때도 뜨거웠다. K생은 나를 부르며 내 공책을 달라고 하더니 제일 앞줄에 양반다리를 하고 앉았다. 나도 처음으로 그 학생의 얼굴을 자세히 보게 됐다.

퀴즈 시간은 꽤 길었다. 시간이 흐를수록 K생은 발을 동동 굴렀지만 나는 그 표정이 더 재미있었다.

"미정아, 여기 네 공책에 적혀있네"

그럴수록 더 생각이 나지 않았다. 그 시간만큼 나는 더 얼떨떨한 시골 여학생이었고 그 학생은 눈이 반짝거리는 도시학생이었다. 우리는 끝날 때까지 같이 퀴즈를 푼 것이다. 몇 문제 맞혔는지, 우리 조가 몇 등을 했는지 모른다. 그렇지만 그때의 퀴즈대항은 나에게 아직도 선연한 기억이다.

헤어지기 전날 밤은 캠파이어가 있었다. 장작불이 열기를 더할 때 우리들은 둥글게 손을 잡고 모닥불을 돌기 시작했다. 한 명씩 두어 발자국 모닥불 가까이 가서 미래의 자기를 발표한다. 이미 군데군데 눈물을 흘리는 학생들이 있어서 이별의 분위기는 운동장 전체를 우울하게 눌렀지만 별은 초롱초롱 여름밤을 빛냈다. 모닥불이 사그락 사그락 사라져갈 때 우정을 나누는 시간이 주어졌고 이름과 주소가 적힌 종이를 받았다. 그 시절은 전화도 흔하지 않았으므로 종이 한 장은 너무 소중했다. K생은 나에게, 가슴에 달았던 이름표를 떼어주었다.

엉겁결에 받았지만 무척 설렜고, 잠자리에 들기 전에 꺼내 보았더니 뒤에는 주소와 'Edelweiss Lee'라고 적혀 있었다.

영원히 변하지 않는 마리아의 사랑이 알프스산맥을 넘는 극적인 영화 '더 사운드 오브 뮤직'은 'Edelweiss Lee'에게도 인상 깊은 영화였던 것 같았다. 며칠 후에 편지가 왔다. 영화에서 극적인 이야기를 주도한 에델바이스의 향기처럼 'Edelweiss Lee' 역시 싯귀 같은 구절을 보내왔다. "행동은 실제 우리 삶보다 더 거대할 뿐 아니라 그 삶을 함께 하는 사람보다 위대하다"는 아리스토텔레스의 말을 그 후 오랜 시간이 흐르고 난 뒤 알았다.

마리아의 발랄함은 플롯의 대폭발이었다. 첫 장면에서 부른 노래, 에델바이스는 따라 부르고 싶은 충동을 부추겼다. 나는 그녀의 최초의 행동에 푹 빠졌다. 아이들이 남작 부인을 환영할 때 두 번째 부른 에델바이스에 동화된 나는, 모차르트의 도시로 그들과 함께 알프스산맥을 넘었다. 추억의 영화 속에 핀 에델바이스, 이제는 영원히 핀 나의 꽃이다.

문어다리 놀이

　유년시절 우리들의 놀이는 승부의 판가름으로 즐겼다. 문어다리 놀이가 특히 심했다. 여러 가지 놀이도 그랬지만 문어다리 놀이는 학교 운동장이나 집 근처 빈터에서 쉽게 할 수 있었고 땅에 잘 그려지는 돌멩이 하나 있으면 되었다. 또 다른 장점은 인원수가 많을 때는 크게, 인원수가 적을 때는 작게 그려서 놀 수 있는 놀이다. 둘이서도 할 수 있는 놀이지만 되도록 많을수록 더 재미있는 승부놀이가 되었다.

　놀이의 어원은 '놀'이고, 신나고 아름다운 것을 말한다. 놀이는 놀이하는 사람들의 흥에 의해서 이뤄지는 것이지만, 때로는 놀이의 결과로 인한 승부로 길흉을 점치기도 한다. 문어다리 놀이는 문어의 몸체를 나타내는 큰 동그라미를 먼저 그린다. 문양은 다양하다. 큰 동그라미를 중심으로 주위로 여러 가지 모양의 문어다리를 그리는데 긴 다리와 짧은 다리를 조화롭게 그려야 하며 둘 다 단조롭지 않아야 한다. 짧은 다리는 난코스로서 다음 다리로 건너가기 전에 실패하기 일 쑤이다. 이런 난코스는 두세 군데 있는데 완두콩 모양일 때도 있고 종지처럼 작게 그려서 한 발을 들고 겨우 건널 수 있게도 한다. 승부의 결정기이다. 이곳에서 잡히거나 잡히지 않으려면 기싸움을 벌여야 한다.

좀 과격한 경기에 비하면 경기 규칙은 단순하다. 두 편을 먼저 가르기 위해 리더를 뽑는다. 리더는 모인 아이들 중에서 학년이 높은 두 사람을 정하는 것이 보편적이다. 리더 두 사람이 가위, 바위, 보를 하는데 이때 이긴 사람이 먼저 한 사람을 뽑고, 진 사람이 한 사람 뽑고 나면 다시 가위, 바위, 보를 해서 앞의 방법을 되풀이해서 뽑는다. 이렇게 해서 편을 가르게 되면 다시 가위, 바위, 보를 한다. 이긴 팀은 문어다리를 건너가는 쪽이고, 진 팀은 큰 원 안에 들어가서 지나가는 사람을 밖으로 밀어내면 된다.

경기에는 공격과 방어가 있기 마련인데 문어다리를 건너는 사람은 공격을 당하는 쪽이니까 방어를 해야 한다. 방어는 안에서 공격하는 사람을 밖으로 끌어내야 하는 것이다. 안에서 밖으로 끌려 나온 사람은 한쪽 발로 이긴 편의 사람을 끌어내면 된다. 좁은 난코스를 잘 통과하려면 작전도 있어야 한다. 순간적으로 뛰는 흉내도 내었다가 상대편을 잡아 당겨내야 하므로 적당한 몸싸움도 하는데 접전은 좁은 문어다리 위에서다.

　제일 큰 무기는 서로에게 발보다 손이 먼저다. 발은 순발력으로 버티지만 손은 끊임없이 상대편의 집중력을 낮추게 해서 피해 가는 통로를 마련해야 하므로 공격적이어야 한다. 서로서로 손으로 유혹하며 감추기를 반복해가면서 문어다리 한 다리를 점령해 가고 점령 못하게 하는 것이다. 두 팀 모두에게 중요한 손놀림은 상대편에게 손이 잡히면 밀리거나 끌려 나오기에 십상이라서 끝까지 관리해야 한다. 문어다리 놀이는 시작점에서 마지막 점까지 서로가 주의를 경계하지 않으면 안 된다. 몸과 마음을 동시에 움직여야 하는, 단순하지만은 않은 고난도 작전놀이라고 볼 수 있다.

　우리 집 뒷길 오른쪽 언덕에는 밭이 있었다. 가을걷이가 끝나면 빈터는 우리들이 놀 수 있는 작은 놀이터였다. 우리들은 그곳에서 널도 뛰지만 널뛰기는 여자아이들만의 놀이여서 남자아이들의 훼방이 심했다. 연날리기 또한 남자아이들만 하는 놀이라서 각각 놀다 보면 한둘이 집으로 가고 허지 부지 된다. 눈치 빠른 아이가 얼른 사태를 수습하고 서로서로 신나게 놀 수 있는 문어다리 놀이를 제안하면 순식간에 하나같이 뭉친다.

　문어다리는 굵은 작대기로 그리든가 주전자에 물을 넣고 주전자 주둥이를 이용해서 그렸다. 쪼글쪼글한 양은 주전자는 우리들의 놀이가 얼마나 치열했는지, 문어다리 놀이역사의 증거품이다. 문어다리를 그리는 사람은 나름대로 구상한 도안을 내놓는다. 까다로운 규칙은 없었지만 궁리해서 그리는 다리라서 승패가 쉽지 않다. 문어다리를 손쉽게 그리는 사람은 문어다리놀이의 고수이거나 요즘 말하는 놀이 달인이 아니던가. 후후~. 입가의 미소는 생각을 들킨다. 문어다리 조차에서도 향기가 나는 추억은 보석이다.

문어다리 놀이는 한 번 끝나도 연속할 수 있다는 데 의미가 있다. 이긴 쪽은 이긴 대로 아쉬움이 있고, 진 쪽은 진대로 아쉬움이 있는데 이러한 서로의 공통점 때문에 자연스럽게 시작한다. 문어다리를 한 바퀴 돌면 어쨌든 승패가 갈라진다. 바깥에 나와 있는 사람의 수를 세면 금방 알 수 있다. 그 사람들을 죽었다고 하는데 죽은 사람들이 응원하는 것도 재미있다. 귀신과 도깨비들의 응원이니까 얼마나 웃기는가. 우리가 사는 세상과 다른 별에서 하는 놀이가 아닌가. 그래서 더 신났는지 모른다. 승리한 팀은 문어다리를 돌면서 만세라고 부르며 신나게 뛰어다닌다. 다시 시작하면 승리한 팀이 다시 문어다리를 돌 때도 있고, 역할을 바꿀 때도 있으나 대부분 연속 두 번 이겼을 때 역할을 바꾼다.

승부의 판가름이 깨끗하다. 판을 펴 놓고 숨김없이 하는 놀이에서 싹트는 승리욕은 즐겁다. 결과를 통해 '오늘 재수 좋다, 안 좋다' 길흉을 점치기도 하지만, 우리들은 점을 칠 일이 없으면서도 끝나면 '재수' 라는 말을 했다. 가끔 빈 종에 문어다리 문양을 그려본다. 그때가 선연하게 떠오른다. 만다라가 있는 문어다리 놀이라면 지나친 나의 비약일까.

형님들

나에게는 회원 모두가 형님인 모임이 있는데 시작한 지 삼십 년이 넘는다. 회의 명칭을 그 당시 공모했는데 성과가 없자 형님들은 나에게 이름을 지으라고 명령했다. 형님은 한 사람도 무서울 판인데 열다섯 명이 한 목소리로 내린 명령이니 다음 달에 당장 지어 올렸다.

"형님, '늘푸름회' 라고 하면 어떻겠습니까?"

했더니

"괜찮다"

며 이구동성이다. 그날 이후로 지금까지 '늘푸름회'는 나이와 상관없이 푸르고 청정하다. 나는 형님이 편하다.

늘푸름회 형님들은 어깨에 힘도 주지 않고 검은 정장보다 하늘하늘하고 부드러운 촉감의 옷을 즐겨 입는다. 문신은 눈썹 문신이 전부다. 눈썹문신도 서너 명이나 했을까. 자연 미인답게 피부는 뽀얗고 마음씨도 좋아서 아우를 보는 시선은 천사다. 목소리는 들을수록 정이 가고 뚤뚤 뭉쳐 함께 말해도 한 사람의 큰 목소리보다 작다. 그러나 집안에서 대부분 맏동서 자리를 깔고 있어서 동서 같은 아우를 다루는 데는 일가견이 있다고 여겨진다. 층층 시집살이도 잘 견뎠고 원만한 가정을 이루고 있는 것도 이 모임의 장점이다. 참고 견디는 것에 이력이 난 형님들이니 나도 형님들에게 배우며 산다.

　모임은 매월 첫날이다. 형님들은 제일 나이 적은 아우에게 재무와 총무를 한꺼번에 맡기는 횡재도 기꺼이 준다. 평소에 안부 전화를 할 수 있어서 좋다. 모임 출석 여부를 묻는 전화를 하면 대단한 짐이라도 지고 있는 줄 알고 해주는 격려들이 듣기에 민망할 정도이다. 형님은 어깨를 쓰다듬어 주는 사람이다. 얼른 형님 소리가 안 나와서 머뭇거리면 "형님 소리가 어색하지?" 하면서 먼저 말문을 틔운다. 얼떨결에 그게 아니라며 손사래를 치지만 들킨 것을 더 숨길 수 없다. 살다 보면 제일 쉽게 불리는 게 형님이라고 했다.

　오늘은 며칠 있으면 떠날, 여행 준비를 위해 만나는 날이다. 룸메이트를 정하는 날이기도 하다. 제비를 뽑는다. 11박 12일의 여행은 짧지 않다. 짝지가 거기에 있다. 짝지는 여행지에서도 두 번 더 제비를 뽑기로 했으니 형님들의 시집살이가 파란만장할지, 잔잔할지 알 수 없다. 처음 짝지가 된 형님은 아무도 몰래 손을 꼬-옥 잡아준다. 자유

여행이 시작된 지 얼마 되지 않는데 형님들의 여권은 이미 유럽을 돌아온 것도 있다. 나의 여권은 동남아 길에서 손때가 조금 묻었다. 회장 형님은 여행 중에 있을 수 있는 일들을 조목조목 참고로 곁들인다.

형님들은 공부벌레였던가 보다. 약사가 세 명이나 있어서가 아니다. 거의 영어권에서 소통이 쉽다는 것은 학교생활이 모범적이었거나 주부 생활하면서 외국어학원 문턱을 들락거린 출석표가 양호한 결과이다. 다행이다. 여행 중에 필수적인 건강 체크도 걱정이 없다. 그것 또한 다행이다 두통, 치통, 생리통의 응급약까지 나의 짐에서 빠진다. 나보다 한 살 위인 회원이 당부한다. 꼭 형님이라고 부르라고 익살스럽게 말하지만 오뉴월 하루 볕이 무섭다는 것을 실감하며 그러마라고 쉽게 답한다.

이탈리아의 로마에 도착했다. 바티칸시의 광장에 이집트에서 가져온 오벨리스크가 눈이 먼저 띈다. 성베드로성당에서 본 미켈란젤로의 작품 '피에타' 앞에서 마음을 쓸어 낸다. 시스티나성당은 차기 교황을 선출하기 위한 콘클라베스가 열리는 곳이다. 이곳에서부터 천정 벽화를 보려면 목덜미 역할이 필요한 곳이다. '천지창조'는 미켈란젤로가 화가지만 먼저 조각가였다는 사실처럼 수인을 중요시했다. 손동작은 불교에서도 중요시한다. '최후의 심판'은 천지창조보다 삼 년이나 더 걸린 작품인데 어마어마했다. 다음 날 네 시간이 주어진 각자 자유쇼핑은 형님들의 어학 실력이 발휘되어 가이드의 찬사를 받앉다.

　스위스의 수도 루체른에서 호수를 끼고 도는 길을 물차가 씻고 다니는 것이 시선을 끈다. 스위스의 첫인상은 깔끔이다. 푸른 알프스를 덮고 있는 하얀 눈처럼 맑은 아침을 선사 받은 기분으로 케이블카를 탔다. 상상이 실현되는 순간에 '더 사운드 오브 뮤직'의 한 장면이 떠오른다. 눈의 절벽에 내가 섰다. 기리산은 빙하를 머리에 이고 이방인의 감탄을 자아내게 한다. 형님들은 요들송을 작은 목소리로 입술 흉내만 내며 부른다. 바로 옆에 있던 막내 목동도 귓속말로 "야~호호" 답한다.

　도브해협을 벗어나 때제베는 들판을 가른다. 산이라고 하지만 언덕과 언덕 사이로 나무는 햇살에 반사되어 하얀 말이 달려오는 것 같다. 프랑스로 향한다. 우리와 조금 떨어진 자리에서 젊은 두 사람의 포옹이 뜨겁다고 모두 눈을 감는다. 컵에 담긴 물도 흔들리지 않는다는 차 속에서 한 컷의 광경에 안방마님 형님들은 충격을 받았는지 일제히 눈을 감는다. 우리나라도 KTX가 곧 달릴 것이다. 문화의 충격은 늘어나는 여행으로 서서히 감당이 되리라 여겨진다.

　노트르담성당이 궁금했다. 여고 일 학년 때 밤잠을 잊고 읽었던 『노트르담의 꼽추』에서 집시의 아들 반쪽이 콰지모도가 살았던 종탑을 올려다본다. 그가 그토록 보고 싶어 한 바깥세상의 세느강을 따라 걷는다. 콰지모도의 그리움도 함께 흐른다.

"밤이여 오라, 종아 울려라/ 세월은 흐르고 나만 남는다"

며 아폴리네르가 마리를 그리워하며 부른 슬픈 노래가 흐른다. 샹젤리아의 거리에서 만나는 아름다운 파리 여인의 모습에서 아폴리네르의 마리를 찾는다. 에펠탑의 꼭대기에서 몽마르트르언덕으로 오르는 골목길을 찾지 못한 것은 너무나 다행이다. 발품으로 예술을 사러 갔다.

비행기를 타고 스페인으로 향한다. 마드리드에는 '알함브라' 라고 불리는 '붉은 요새' 또는 '붉은 궁전'이 있다. "스페인을 잃는 것은 두렵지 않으나 알함브라를 볼 수 없는 것은 원통하다"고 말한, 나르스 왕조의 마지막 왕이 왜 그런 말을 했는지 왕조궁전을 보며 동의한다. 왕의 두 자매가 살았던 방은 저마다의 색깔로 핀 꽃들과 분수가 있는 정원으로 아름다움은 감탄을 잣는다. 마드리드는 건물 외장을 보는 것만으로도 여행이 된다. 스페인이 자랑스러워하는 소설 '돈키호테'의 동상을 만나는 것도 인상 깊다. 인간상이다. 해가 긴 스페인을 뒤로하고 트랩을 올랐다.

안개의 도시 런던에는 안개가 없었다. 버버리레인코트를 입은 신사도 눈에 띄지 않았다. 버킹엄궁전 앞에는 관광객들이 근위병 교대식을 기다리고 있다. 잠시 후에 시작된 근위병의 교대식은 생각보다 멋있다. 영국 런던의 현재 시각을 알리는 빅벤에서 세계의 현재 시각을 읽는다. 여행 중에는 조각상을 보는 재미도 있다. 머리를 거꾸로

한 조각상을 보며 발상의 전환이 먼저 스친다. 대영박물관을 거쳐 나와 초원을 찾는다. 어디든 초원이 있는 도시, 런던의 저녁 하늘은 붉은 노을의 장관을 이루며 먼 길에서 온 손님들을 환송했다.

돌아오는 길

　시월의 단풍을 맞이하러 간다. 목마른 사람이 우물을 먼저 판다는 말이 있듯이 단풍이 보고 싶은 사람이 먼저 마중 나서야 하는 것은 당연하다. 시월 초입에 부산에서 붉은 단풍을 본다는 것은 어불성설이다. 대관령이 가까워질수록 남쪽으로 내려가는 시간을 잊고 울긋불긋 물들어 버린 나뭇잎 풍경에 눈이 똥그랗다. 이상기온에 염색체의 반란이다. 이곳 수은주의 붉은 기둥이 영하로 접근한다고 뉴스를 달구더니 붉다 못해 오그라든 잎사귀에 연민마저 느낀다. 코끝이 시리다. 중늙은이에게 불어 닥치는 한기는 상쾌한 일은 아니다. 몸을 데울 숙소로 서둘러 직행하여 연휴를 준비하던 긴장을 풀기로 한다.

　다음 날 아침은 새벽이 지나가는 줄도 모르게 숙면에 빠졌다가 커텐 사이로 들어오는 햇살에 두 손을 든다. 전형적인 가을 날씨다. 드

높은 하늘은 에메랄드빛으로 유난히 맑게 빛나서 바다로 착각하게 한다. 나는 어디에 서서 저 바다를 보고 있는가. 스스로 물으면서 하늘이 바다로 느껴지는 휘닉스파크의 뜰에서 지구가 돌고 있다는 것을 실감한다. 바다를 올려다본다. 이런 표현은, 이런 어지럼증은 문학의 사치라고 누가 흉보지 않을까하면서도 이곳에서 만큼은 한껏 사치스럽고 싶다. 산 끝에서 출렁이는 산을 타고 내려와 장식한 언덕길은 이효석문학관으로 가는 길이다. 짐승 같은 달의 숨소리가 손에 잡힐 듯이 들린다는 산허리가 혹시 저 산허린가 싶으니 어젯밤 달을 못 본 것이 후회된다. 길에 걸린 산허리에서 달빛에 녹아버린 소금의 흔적이라도 보고 싶다.

이효석문학관으로 가는 길에 보아야 할 곳은 산허리뿐만이 아니다. 횡성벌판을 지나 더딘 소를 몰고는 꼭 나흘의 길이었던 울창한 참나무 숲도 보아야 하리. 대낮에도 도둑이 나왔다는 무시무시한 참나무 숲이 어디인지 그것도 우리는 수군거리며 찾아보아야 하리. 함경도 시절 시골풍의 다방 「동」카페에서 커피와 서양음악을 즐기던 멋진 신사를 보아야 하고, 중절모를 쓴 그 신사가 아름다운 이름으로 기억하는 「DON」의 글자 앞에서 나는 그 신사의 아름다운 기억을 만나야 하리라.

입구에는 연필 모형 예닐곱 자루가 서 있다. 작가가 쓰고 지운 삶을 상징하는 연필은 묘한 추억의 향수를 불러일으킨다. 쓱쓱 싹싹 책상

위에서 백지를 채워가는 연필 소리에 고랑이 숨 쉬고 밭이랑에서 메밀꽃 필 무렵이 된다. 언덕길 옆에 널브러진 소금밭에는 녹아서 흔적도 없는 소금이 다시 피어 하얗게 밭을 메운다. 시월의 메밀밭에서 메밀꽃이 필 무렵을 읽는 즐거움에 내 마음 밭은 흥이 돋는다. 작가가 연필에서 배웠던 인생의 가치를 어떻게 높였는지 더 궁금해진다.

　가을을 숨기고 있는 메밀꽃이 이효석의 젊은 날을 향해 하얗게 피어있고, 하얀 불빛 속에서도 달빛을 연상하게 하는 고졸한 맛이 있는 문학관이다. 그의 세계가 파노라마처럼 펼쳐져 있다. 안으로 들어갈수록 소금을 뿌린 듯이 하얀 공간은, 방문객을 숨이 막힐 지경인 메밀밭으로 유인하여 노루목 고개를 찾아 넘게 한다. 그렇게 시간을 잊고 넘던 고개에서 내려오다가 늪에 풍덩 빠졌다. 봉평까지는 이십 리, 대화까지는 삼십 리, 진부까지는 오십 리의 지점에 있는 늪이다. 어쨌거나 늪에 빠지는 건 기분 좋은 일이 아니다. 신비하다고 하지만 보이지 않는 곳은 무섭기 때문이다.

　산협의 이야기에 무섬증이 났다. 아름드리나무가 쓰러져 있는 개울가의 검게 탄 자리는 도적이 소를 잡아먹은 곳이라고 행인들이 수군거린 것처럼 우리도 그 앞에서 수군거리다가 쓱 지나쳤다. 산협의 이야기는 바닷가 사람에게 낯설다. 골짜기 깊은 이야기보다 출렁거리는 파도이야기에 더 솔깃해지는 것을 나무란다고 바뀌는 것이 아니다. 여기에서는 아무래도 장돌뱅이 허 생원과 성 서방네 처녀 사이에 맺어진 하룻밤의 애틋한 이야기의 속살이 더 궁금해서 넘었던 산허리를 다시 넘는다. 숨이 막히게 돌아다니며 들은 이야기가 숲처럼 울창하다.

 밖으로 나와 벤치에 앉아있는 작가를 만난다. 서정과 서사의 긴장이 묻어있는 책을 무릎 위에 놓고 조용히 읽고 있다. 나를 기다린 오랜 친구 같아서 그 옆에 나란히 앉았다. 어색해하지 않는 걸 보니 그의 생각도 나와 다르지 않았던 모양이다. 여기서는 이탈리아의 진한 커피가 어울릴 것 같은데 커피를 볶으려면 책 읽을 시간이 없다. 종이컵에 담긴 묽은 크림 커피로 아름다운 시간의 입술을 적신다.

 풍력기가 보일 때까지 모두 따뜻한 가을이라고 입을 모았다. 그러나 풍력기 가까이 다가갈수록 있는 힘을 다해 허공에 흘러 다니는 바람을 모조리 가두고 있는 위압감에 마음이 오그라든다. 펄버덕 펄버덕……. 거기에서 떨어져 살아남은 바람은 독해져서 살갗에 부딪히니 춥고 아리다. 소리는 또 얼마나 요란스러운지 말을 여간 크게 하지 않으면 안 되어 우리는 그냥 일시적으로 말문을 닫기로 한다. 또 펄버덕 펄버덕……. 생전에 들어 보지 못한 위험한 숨소리를 피해 목책로를 찾아서 따라 내렸다. 우리들은 이명에 귓속을 후빈다.

 때 이른 가을은 나뭇잎을 속절없이 떨어뜨리고 미끄러져 떠내려가는 단풍의 풍경이 애처롭다. 아름다우면서도 슬프다. 드라마 '베토벤의 바이러스'에 나왔던 사랑의 나무가 손짓하지 않았다면 그것들이 보내는 울음에 눈 두등이 부었을 것이다. 시린 낙엽 한 장을 주워 가슴에다 대운다. 속절없이 잎사귀를 비운 가지는 작은 바람을 걸어 두고 단풍이듯 흔든다.

전나무 숲길 끝에서, 때로는 파편 같았던 삶의 유리조각은 그림자의 흔적까지 지운다. 사문 밖에는 작은 바람의 소리도 없다. 반짝이는 물 위를 새처럼 날아가는 마음, 이곳에서는 누구나 잡힐 것 없는 바람의 평원 위로 새처럼 날아도 될 것 같다. 영혼이 저토록 아름다울까. 여덟 번째 바다는 영롱한 물빛이다. 구산팔해를 걸어온 바람이 씻긴다. 바람은 언제부터 이렇게 모여서 살았는지 궁금함을 안고 월정사의 석탑을 앞에서 일심으로 합장하고 천천히 돌며 약사여래불대다라니 경을 외운다.

세 번째 만남에서도 눈물이 속절없이 흐른다. 어떻게 감당해야 할지 모를 눈물의 답은 다음 길을 조용히 약속한다. 돌아오는 길에 비친 물비늘이 눈부시다. 아무리 오래 보아도 바람이 내어 놓은 길을 찾을 수 없는데 흔들림은 무엇이란 말인가. 떠나고 떠나옴의 길에서 만난 춥고 시린 것은 모두 지나가는 바람이려니. 바람은 이미 스쳐 떠난 지 오래인데 나는 그것을 습관처럼 붙들고 있지나 않았는지 돌아오는 길에 나에게 묻는다.

제5부

좋은 나무는 좋은 열매를 낸다

장마 / 여러 소리 / 도랑치고 게 잡고 / 프로크루스테스의 침대
우리 반, 우리는 / 자서전 / 네 명의 요리사가 탄생했어요

장마

 장마는 불청객이다. 일기 예보가 정확해져서 불청객처럼 느닷없이 오지는 않지만, 오뉴월이 되면 오는 낌새를 보이거나 오는 것을 거르지 않는다. 올해도 마찬가지다. 매스컴은 장마를 대비해서 대책을 마련하는 정부나 지방의 빠른 발걸음을 거의 날마다 내보내며 경각심을 일으키고 있다. 불청객일수록 뒤끝이 편하지 않다는 것은 살면서 자연스럽게 터득한 일이다. 장마의 전야제를 하려는 듯, 장맛비는 한 방울 두 방울 더듬거리며 떨어지더니 추스를 사이도 없이 사정없이 퍼붓는다. 집으로 가는 길을 서둔다. 빗발치는 이동 경로를 차단하기 위해 창문 단속을 해야 한다. 억센 빗줄기에 잊었던 트라우마가 고개를 든다.

 주택에 살적에 장마가 시작되면 앞서는 걱정이 있었다. 사서 한 걱정이었다. 나중에 스트레스가 될 줄 알았다면 아예 시작을 안 했을 것이다. 우리 집 현관이 남달라 보였던 것은 여느 집 현관보다 일 미터가량 높았다. 베란다 양쪽으로 큰 대리석 기둥이 버티고 있는 현관은 계단 대여섯 개를 올라가야 했다. 지하도 꽤 넓었다. 유리창이 마당과 맞대어 있으니 반지하인 셈이다. 마당도 좋았는데 무슨 변덕으로 그랬는지 지하에 마루를 만들어서 아이들이 놀 수 있는 공간으로 만들었다. 작은 놀이터였다. 평소에는 아이들로 시끌벅적했는데 비가 오면 조용한 침몰이 있었다. 문제였다. 지하계단은 물이 흘러 들어가는 수로가 되었다. 양철덮개를 만들어 임시방편으로 비는 차단했지만 양철에 떨어지는 빗소리는 난공불락이었다.

 비가 지나치게 오면 또 일이 생겼다. 어디서 새는지 모르게 지하에 물이 차는 것이다. 미리 방수를 했지만 소용이 없었다. 지하에 만들어 놓은 마루까지 물이 차오를까 봐 바가지로 퍼내도 끝이 없어서 동키를 들이대서 퍼 올렸다. 모터 소리는 비에 얻어맞는 양철소리보다 더 요란했다. 마루를 놓은 첫해와 그다음 해는 부지런을 떨어서 장맛비를 버텼지만 그다음 해부터는 장마가 와도 양철덮개나 덮어두고 물이 차든지 말든지 내몰라라 하게 됐다. 긴 병에 효자 없듯이 장마에 시도 때도 없이 쏟아지는 비를 감당 못하는 작은 놀이터는 애물단지가 되었었다.

 아파트 생활은 장마와 무슨 관계가 있을까 싶지만 그렇지 않다. 장마가 오기 전에 이불 빨래를 다 해 놓아야 하고 농문도 좀 열어 두어 습기를 제거해야 한다. 겨울옷들도 햇볕이 좋은 날 말려야 한다. 옷을 만지면 까슬까슬한 느낌이 들어야 장마가 와도 눅눅해지지 않는다. 참 쓸데없는 걱정이다 하면서도 그런저런 치다꺼리를 해 놓아야 장마가 들이닥쳐도 마음이 바쁘지 않다. 고작 집안 살림도 이렇게 마음이 바쁜데 농사짓는 사람들은 오죽할까 싶으면 내가 하는 건 심심한 여편네의 수다에 지나지 않는다.

  초등학교 때의 일이다. 그 시절에 친구들과 소꿉놀이를 곧잘 했다. 소꿉놀이는 시작하기 전에 가족을 만든다. 학년이 높은 아이끼리 두 집을 나누고 가위, 바위, 보를 해서 이기는 사람이 마음에 드는 사람을 뽑는다. 학년이 높아봤자 초등학교 삼 학년 정도가 고작이다. 가족은 마음에 들어야 하는데 나는 엉뚱한 집에 뽑힐까 봐 속을 끓였다. 다른 아이들도 마찬가지였으리라.

  가족이 구성되면 합심해서 집을 마련하는데 그때 집은 서너 명이 앉을만한 돗자리 정도의 크기면 되었다. 집을 짓고 나고 나면 제일 먼저 솥을 건다. 돌 몇 개를 옭아매어 아궁이를 만들고 조개껍데기 중에서 가장 큰 것을 솥이라 이름하고 아궁이 위에 얹는다. 근처에 있는 풀잎사귀는 푸성귀가 되고 바닥이 매끈한 나무토막은 도마, 뾰족한 나무쪼가리는 칼로 사용된다. 각자 호칭도 정하고 나면 제법 근사한 가족탄생이다. 그렇게 시작된 살림살이놀이는 참 재미있어서 해가

질 때까지도 한다. 여동생이 없는 나는, 어울려 노는 소꿉놀이가 무척 재미있었다.

 그해 장마는 길었다. 친구들과 놀지 못해서 안달이 났지만 연락할 그 무엇도 없었다. 집으로 직접 가는 방법 외에는 도리가 없었다. 어른들은 비 오는 날에는 남의 집에 오가는 것이 아니라고 했다. 불쾌지수가 높은 날이니 조심하지 않으면 안 됐다. 학교에서 돌아오면 집에서 만화책을 보거나 그림그리기를 하거나 책을 읽었다. 그래도 심심하기는 마찬가지였다. 소꿉놀이친구들의 안부가 제일 궁금한 때가 비오는 날이 많은 장마철이다.

 어느 날 장맛비 소리를 깨며 밖이 시끌벅적했다. 어른들과 아이들 소리로 범벅이다. 읽던 책을 덮고 뛰어나갔더니 생각보다 많은 사람들이 몰려 나와 있었다. 명숙이가 물에 떠내려갔다는 것이다. 우리 동네에는 작은 도랑이 있는데 그 도랑은 평소에는 물이 발꿈치에도 닿지 않을 정도였다. 그러나 장마철만 되면 물이 범람하여 골목길은 없어지고 도랑만 남는다. 명숙이가 그 도랑에 휩쓸려갔단다. 동네 어른들은 물을 따라가 봐야 한다며 줄줄이 나섰다. 아이들은 모두 바깥출입이 금지되어 기다릴 수밖에 없었다. 두 손을 모으고 기도했다. 제발 돌아오게 해 달라고 빌고 빌었다. 장대 같은 비는 그칠 기미를 보이지 않았다.

 오후 늦게 서야 명숙이를 찾았다. 골목도랑을 한참 빠져나가면 있는 큰길도 지나서 논두렁을 옆을 지나는 도랑에서 주검으로 발견되었다고 했다. 나는 그 소리를 듣는 순간 무서움증이 덮쳤다. 소름이 돋아 바깥을 나갈 수 없었다. 벅수처럼 그 자리에 서 있는 것 밖에……, 나의 시계는 그 순간에 정지되고 말았다. 밖이 무서웠다. 방 안에서 엉엉 울면서 시계를 깨워 가는데 한참 걸렸다. 울음이 묻어갔다. 안면을 바꾸고도 엉큼스럽게 아무 일 없다는 듯이 주룩주룩 내리는 능청스럽기까지 했다. 비는 참으로 무심했다. 처음보다 덜하다고는 하지만 지루하게도 왔다. 그해 장마는 길었다. 다음 해에 초등학교 갈 거라고 좋아하던 명숙이는 그해 장마와 함께 떠나서 영영 돌아오지 않았다.

얼마 전에 고향으로 내려가서 내가 살던 골목을 찾았다. 출발할 때는 내릴까 말까하며 엉덩이를 들썩이던 비가 본격적으로 내렸다. 명숙이를 앗아간 작은 도랑은 복개되어 얼굴을 달리했다. 겉으로 서너 뺨밖에 안 되는 사라진 도랑 폭을 얼핏 그리면서 지난 생각들이 오갔다. 참 많이 변했다. 하지만 그때부터 지금까지 변하지 않은 것은 나에게 장마는 항상 불청객이다.

여러 소리

산문의 맛은 진솔성에 있다. 일단 자기의 이야기를 진솔하게 드러내 보임으로써 타인의 사소한 이야기에도 귀를 기울이는 배려가 있다. 생활이야기를 하면 다 읽기도 전에 그게 그거라고 일축하고 덮어버리기 일쑤인 것이 우리들이다. 그럼에도 불구하고 시사적인 글로 승부를 보고자한다. 혼돈을 느낀다. 육하원칙에 맞는 글말이 반듯하긴 하겠지만 산문이라 하여 기승전결이 없는 것이 아니다. 어쩐지 몸에 맞지 않은 제복을 입어야 한다는 것처럼 들려서 피한다. 가장 잘 쓸 수 있는 것은 자기의 경험이다.

멋있는 것을 추구하는 건 본능인지 모른다. 그렇지만 멋이라는 것도 처음부터 부려지지 않는다. 이렇게도 저렇게도 해보고 난 후에야 몸에 멋이 배는 것이다. 과정은 결과만큼 중요하다고 여겨진다. 과정없이 좋은 결과를 가지는 사람들을 많이 보아왔다. 참 부러운 일이다. 대기만성형인 나에게는 항상 과정이 기다리고 있었다. 그 과정은 시간을 다 채워야 끝났다. 어느 날 혼자 생각하게 되었다. 스스로 자수성가하자고 마음 다지고, 느리지만 과정을 겪기로 한다. 늦게 배운 도둑이 밤새는 줄 모른다고 그럭저럭 재미 붙은 학문이 늦게까지 책상과 씨름한다.

  추억은 돌아올 수 없기에 지난 시간이 아픔과 슬픔으로 점철되었다하더라도 그립다. 돌아오지 않는 시간의 뒤안길은 그래서 쓸쓸한 것 아닌가. 그런 까닭으로 지난 시간이 모두 자랑스럽다고 말하는 사람 곁에는 가고 싶지 않다. 인간미가 없을 것 같아서다. 혹시 그런 것으로 의기양양한 이웃이 있다면 먼저 피할 일이다. 미주알고주알 자기 자랑의 말이 많다면 듣지 않아도 될 일이다. 잉크냄새를 맡으며 까지 듣고 읽을 만큼 시간이 녹녹치 않다. 작가의 삶이 보고 싶다. 한 번도 자기 모습을 보이지 않은 작가, 혹시 자신이 아닌지 돌아 볼 일이다.

  나는 K의 팬이 되었다. 첫 수필집을 선물 받았는데 그녀의 아픔, 고통, 행복을 읽으면서 마음이 공유했기 때문이다. 얼굴에 없던 그늘이, 미소에 없던 슬픔이 책을 통해서 나에게 전해 왔다. 만날 때마다 해맑게 웃는 것도 비움에서 나온 것인가 싶어 저절로 따뜻이 다가가고 싶어졌다. 누군가에게는 자기의 치부가 될 수 있는 이야기를 덤덤

하게 숨김없이 진솔하게 해 준 건 나에게 대한 신뢰 같기도 했다. 만약 K가 남의 이야기를 그렇게 했다면 덮고 말았을 것이다. 그러나 적나라한 자기 신상의 이야기는 다음 장을 기다리게 했고 장을 넘길수록 응원하는 마음이 되었다.

참 아이러니하게도 자기를 드러내놓지 않고 성공한 사람이 있다면 존경해 마지않는다. 사람들은 지금 잘 되어 있으면 과거를 말하지 않으려고 한다. 그런 친구는 호들갑스럽게 지금을 이야기하지만, 신뢰가 가지 않는다. 한 번 만나고 두 번 만나려면 두렵다. 진솔한 것은 아부가 아니고 진실함 그 자체다. 과장된 이야기가 필요 없는 사람 살아가는 이야기 속이 궁금해서 책을 찾는다. 읽으면서 나도 그랬는데 너도 그랬니? 마음속으로 호응해가며 고개를 끄덕이고 싶다.

자신의 치부가 될 수 있는 이야기를 아무데서나 하면 안 된다. 그렇게 하고 싶지 않은 것이 인지상정이다. 수필이란 장르는 자기 이야기를 진솔하게 하라고 덕석을 펴 놓아서 좋다. 덕석이 편안해서 미주알고주알 하고 싶다. 부리던 멋은 다 벗어 던지고 립스틱도 바르지 않고 집게로 뺀 눈썹줄이 그대로 드러나는 민낯의 글맛을 맛보고 싶다. 씁쓸하고 담백해서 메뉴에 없는 비빔밥, 제일 맛없는 비빔밥 맛일지라도 한국 맛에 가깝기야 할 것이다. 절반의 성공이다.

얻어서 먹는 밥이 빨리 배가 꺼진다는 말이 있다. 남의 이야기만 하다 보면 할수록 허술해서 진솔성은 없어지고 모래성 쌓기를 한다는 자괴감에 빠질 수 있다. 지식의 탐구영역은 넓이나 폭을 잴 수는 없지만 자랑하다보면 넓이에서 폭에서 구멍이 풍풍 뚫리고 결국 자기 것도 남의 것도 완성하지 못하고 무너지기 쉽다. 가스가 찬 배는 헛배다. 포만감이라고 느끼고 싶은 것은 욕심낸 것을 숨기고 싶은 것에서 나온다. 얻어서 먹지 않고 허덕이면서 먹지 않고 놀면서 하는 신선놀음이 덕석 위가 아닐까.

멋 부리기를 과장하면 점점 커지는 과장 속에 스스로 파묻히는 꼴이 될 수 있다. 자연스러운 것이 가장 멋있다. 멋은 유행에 민감해서 유행보다 앞서 바꾸든지 변화해야 한다. 구식이 되는 것은 한순간이다. 지름길은 순간적인 자기 위안이 있고 비교하면 빠른 것 같아도 한계에 부딪히기 마련이다.

산문처럼 진솔한 산책길에도 질러가는 길이 왜 없을까. 토끼 같은 걸음으로 깡충깡충 멀리 뛰는 토끼가 있다면 토끼가 되도록 두어야 한다. 같이 가는 사람이 토끼가 될 수 없다. 땀을 뻘뻘 흘리고 발자국 폭 만큼 뒤로 밀어내는 걸음을 눈치 채지 못한다고 쫑긋한 자기 귀를 으스대겠지. 자기 길을 가는 사람은 허둥대면 좇아가는 토끼의 모습에 애잔함을 느낀다.

함께 걷다가 지름길을 택해서 빠져나가는 사람이 있다면 잡지 말라고 권한다. 모른 척은 아니다. 남의 떡이 커 보여서 남의 떡을 먹다 보면 눈치 떡에 체하기 마련이다. 급하게 걷는 길에서 넘어지기도 하겠지. 배냇저고리를 가지고 있는 사람은 젖내를 잊지 않는다. 나의 어머니가 더 멋있었으면 좋겠다는 생각을 했던 어릴 적은 누구나 있을 것이다. 이제 그 생각을 아는 어른이다. 초심을 잃지 않고, 빠른 걸음의 자랑에 흔들리지 말고, 걸음의 보폭을 늦추지 않고 뚜벅뚜벅 걸어가다 보면 어느새 목표점에서 깃발을 흔드는 자기를 만날 것이다.

여러 소리가 옹호는 아니지만 글과 동행하면서 느낀 것이니 변명할 수밖에 없다.

도랑치고 게 잡고

 삶이 문학이라고 생각하는 사람들이 작가다. 작가는 쓰는 것을 즐기지 않으면 안 된다. 작가는 쓰기에서 작품을 만나는 횡재를 얻는다. 그래서 죽었다가 깨어나도 작가인 이상 스스로 쓰기를 해야 하는데 어려움이 있는 것이다. 작가의 길을 걷고 싶은데 이것이 장애가 되어 출발을 못하는 경우를 종종 본다. 참 안타깝다. 그래도 나는 앵무새처럼 말할 수밖에 없다. 오른손을 심심하게 하면 작가의 길은 멀다고.
 작가의 매력은 혼자 하는 데 있다. 책에서 나를 만나는 것도 혼자서 해야 한다. 경험을 쌓는다는 것은 나의 매력을 축적시키는 것과 같다. 매력을 나누어 가지고 싶은 사람이 있는가. 자기만의 것으로 하려면 끈질긴 독서의 힘, 여행의 힘, 사색의 힘이 보태져야 자기만의 것이 뚜렷하게 혹은 선명하게 보일 것이다. '문예'는 좋은데 '창작'이 어렵다고 한다. 언어로 표현한 예술이 좋다는 것은 고무적이다. 유형, 무형의 모방을 글로 써보는 것이 창작의 시작이다. 예컨대 창작이 싫은 것이 아니라 글쓰기가 싫은 것이 아닐까.

　작가로 가는 길에 걸림돌 같은 글쓰기를 극복하는 것 또한 혼자 해야 한다. 작가의 핵이 되는 글쓰기는 시간 죽이기의 홀로서기다. 많이 읽고 귀동냥한 것이 많아서 팔도벼슬을 할 것 같지만 쓰는 일을 밥 먹듯이 하지 않으면 그림의 떡이다. 발품을 팔아야 한다. 글은 쓰면 쓸수록 어렵다는 것을 경험하지 않으면 쓰는 작업이 보배롭게 여겨지지 않는다. 시간을 아껴가며 쓰는 글이 스스로 귀하지 않다면 누가 귀하게 볼까. 생각하면 아찔하다. 작가가 되고자 한다면 벼랑 끝에 서도 써야 한다는 각오는 잊지 말아야 함을 전한다.

　글쓰기의 여정에서 부끄러움은 탈피해야 한다. 장기를 두면서 차 빼고 포 빼고 무엇으로 장기를 둘 것인가. 막연하게 쓴다는 것에만 매료되어 자기 이야기가 없는 이야기만 하려고 든다면 참으로 막막하다. 너무 다 드러내면 안 된다고 못을 박는 사람도 있다. 나는 그 못을 빼라고 한다. 쓸데없는 깁스를 하기 시작하면 자가당착에 빠져서 나중에 손을 쓸 수도 없다. 시간만 아깝게 흘렀다고 생각이 들 때 이미 늦었다. 자기 이야기를 쓸 수 없는 사람이 처음으로 돌아가서 출발을 못했던 실패한 이야기를 할 수 있을지 의문이 생긴다.

　며칠 전에 부지런한 손을 보았다. 올해는 가뭄이 심해서 밭에 물을 대기가 어렵다. 도시와 떨어져 있는 농원을 날마다 출근하다시피 하는 그녀는 물길을 찾았다. 그렇지만 끌어오려면 작업이 필요했는데 보통사람은 혼자서 엄두도 내지 못할 일을 수필가 Y는 해냈다. 긴 호수의 연결마다 페트병을 잘라 끼워서 물도랑을 만든 그녀에게 우리는 박수를 보냈다. 짬짬이 밭을 갈고 열매를 수확하는 일까지 즐기다가 된 농사꾼, 그녀가 부럽다.

Y의 농원을 보러 간 적이 있다. 이런 표현이 어울릴 것 같다. '깎아 놓은 밤'과 같았다. 얼마나 손이 부지런했으면 밭이 그렇게 보일까. 나는 그 후 그녀를 가끔 만나면 눈치 채지 않게 손을 살핀다. 손은 조금 거칠어 보이지만 어느 손 못지않게 예쁘다. 무공해 딸기로 딸기잼을 만들어서 무겁게 들고 온 손을 만져주고 싶었다. 잼은 팔이 아프도록 저어야 한다. 빵에 바른 잼의 달콤한 맛은 그녀의 손맛이다. Y의 손이 일군 맛은 가슴을 뭉클하게 한, 세상에 하나 밖에 없는 손맛을 자랑하는 나의 입술에 오래도록 남는다.

손마디가 오래전에 굳은 젊은 시인의 손을 보았다. 손가락 마디마디 아프도록 일한 보람이 있어서 동생도 성공하게 하고 자기 자신도 보란 듯이 사는 사람이다. 잠시도 손을 놓지 않는다. 머리를 만지지 않으면 흙을 주무르고, 흙을 주무르지 않으면 반찬을 만들고 있다. 손이 돈이다. 요즘은 손을 빌려 달라고 하면 돈을 빌려 달라고 하는 것과 다름없다. 그 두 사람을 보면서 시간과 손에 대해서 생각하는 일이 많아졌다. 손은 사람의 가치다. 삶의 현장에서 단련되었거나 전문직을 살리는 데 사용된 기술자의 손, 손으로 돈을 벌어 본 사람은 손의 가치를 알기 때문에 함부로 손을 빌려주지도 빌려 쓰지도 않는다.

결국, 손이란 내가 움직여야 한다. 문예창작이 아니어도 예술은 손이 부지런하게 움직이는 것이 기본이다. 입보다 손이 필요한 것이 창작이라고 말하면 어불성설일까. 사람은 나이가 들수록 명심해야 할 것이 있다고 한다. 입은 되도록 닫고 귀는 열어서 남의 말에 귀를 기울이고, 눈은 볼 것, 안 볼 것을 가려 보아야 한다고 한단다. 문학인의 기본도 그와 같지 않을까 생각하니 감히 삶이 문학이라고 말하는 것을 아끼지 않고 싶다.

작가가 되고자 하면 쓰는 것부터 시작하고 기다림을 해보자. 도랑 치고 게 잡는 두 가지 일이 날이면 날마다 일어나는 일은 아니다. 쓴다고 시가 팍팍 튀어나오고 수필이 한 편씩 뚝딱 태어났다면 문예창작이라는 말은 아예 태동도 하지 않았을 것이다. 쓰다가 만나고 지우다가 생각나서 다시 쓰고 다듬는 일을, 농부가 밭을 갈듯이 해야 한다고 나를 타이를 때가 있다. 쓴다는 것은 지루한 일이다. 하지만 지루한 일의 반복 끝에는 수확이 있다.

기다리라고 말하려면 내 마음부터 다독인다. 미안하다는 말을 덧붙인다. 쓰는 일을 끈기 있게 하다보면 기다림은 저절로 할 수 있는 일로 매김 되지만 대신 해 주지 못하기 때문이다. 기다리라고 말할 때

고개를 끄덕이는 사람은 포기하지 않고 쓴다. 능선을 넘어 본 경험이 있다는 증거이다. 그때야 비로소 동료를 만났다는 생각에 안심한다. 나는 고개를 끄덕인 사람이 포기하지 않도록 옆에서 격려해 주는 일을 게을리 하면 안 된다. 그런 표현을 하기까지 본인의 결심이 어려웠음은 나의 과정이기도 했으니까.

  작가의 길은 기다림의 연속이다. 나에게 세뇌를 시킨다. 부지런히 써라 그리고 기다려라. 내가 부지런하지 않다는 것을 알기에 게으름이 도가 넘칠까 봐 다지고 또 다진다. 시간의 길이만큼 기대하는 것은 금물이다. 시간과 비례, 반비례도 따지지 말고 써라 그리고 기다려라. 쓰고 다듬는 일을 끊임없이 하는 장인처럼 글쓰기도 장인정신의 기개를 요구한다.

프로크루스테스의 침대

오늘 점심은 고구마 두 개와 원두밀이다. 내가 정한 것은 아니고 G는 수업 마치면 어머니가 걱정되는 딸에게 그러하듯이 문을 나서는 나를 따라 나와서 점심이 든 종이가방을 손에 꼭 쥐어 준다. 그 안에는 가끔 보너스도 들어 있다. 손으로 직접 만든 과자가 있는가 하면, 입맛 당기는 햇김치도 있을 때가 있고, 직접 구운 김이 있는가 하면 잘 볶은 멸치도 있다. 양은 딱 한 번 먹을 만큼이다. 무심코 열면 고소한 냄새와 함께 당기는 입맛에 나의 미안함이 적당히 양념을 친다.

시간을 바쁘게 사는 모습을 보인 것이 잘못되었다 싶어서 어떻게 행동해야 할까 고민도 적지 않았다. 그런 날에는 다짐한다. 다음에 손에 쥐어 주면 적당한 변명으로 사양해야겠다고 생각하고, G를 만날 때까지 어떻게 말해야 할지 고민한다. 고민은 항상 생각으로 끝났다.

G의 한마디는 "먹는 김에, 삶는 김에" 이다. 그녀 특유의 보드라움으로 등을 떠밀면 내 손에는 점심이 자연스럽게 쥐어져 있다. 나의 다짐은 물거품이다. 주부가 집안일 말고 무엇인가를 한다는 것은 벌써 마음이 바쁜데 싸고 뭉치고 들고 나오는 것은 몸에 배인 부지런함과 인정이다.

그녀를 보면 나도 모르게 안색을 살핀다. 완치되었던 상처가 재발하여 상처를 다스리는 중이라서 지난 일주일이 어떠했는지 궁금한 까닭이다. 그러나 안색만 보고 내 나름대로 짐작한다. 마음 같아서는 묻고 싶지만 민망해 하는 관심이 선뜻 나서지 못한다. 성격상 그런 것에서 진정성을 찾는 편이 아니라서 무관심한 듯이 넘어가지만 마음만 복잡하다. 호들갑이 필요하다고 느끼다가 곧 후회한다. 호들갑을 떨어야 진정성을 느낀다면 진정성 없는 관계 사이가 아닐까.

때로는 아양이나 호들갑으로 때우면 좋을 일을 그렇게 하지 못해 오해를 받는다. 되로 주면 될 일을 말로 주고서도 뒷맛이 껄끄러울 때가 있지만 본성을 어떻게 바꿀 수 없다. 설령 바꿀 수 있다하더라도 바꾸고 싶지 않다. 그렇게 한다는 것은 내 스스로 용납이 안 되고 호들갑 떠는 나를 상상만 해도 징그럽다. G에게 조언한다. 글을 쓰는 일은 치유의 방편은 되지만 혹시 쓰는 것이 고단하게 여겨지면 스톱하라고 평범한 말만 한다. 행여나 점심을 챙겨야 하는 일이 걸려서 피곤해도 나선다면 훗날 그녀보다 나의 후회가 될 것이다.

G는 현명하다. 내가 아니라도 누구든지 나와 같은 상황에 있었다면 자기는 그러했을 거라고 하니 참으로 나를 안심하게 한다. 잊기로 했다. 사는 동안 얼마나 많은 것을 잊어야 하고 잊지 말아야 하는지 기억의 한계를 가늠하지 못하지만 그 말을 듣는 순간 잊는 게 좋을 것 같다는 생각이 들었다. 느낌은 원초적 본능이다. 주산을 놓을 때 앗! 틀리는 순간을 느끼고 다시 따르르 털고 놓으면서 늦다는 것을 깨닫는다. 매끄러운 주산 알이 손끝에서 얼마나 예민한지 주산 알을 튕겨 본 사람만이 그 느낌을 안다. 나는 상업학교 다니면서도 주산 놓기가 싫어서 여고 2학년 때 진학반을 선택했었다.

복은 무엇일까. 나는 사람과의 회의에 빠지면 본능적인 물음에 더 빠지는 버릇이 있다. 몇 해 전에 가난한 이웃이 갑자기 뇌졸중으로 운명했다. 장의 날을 받는 사람이 시를 맞추면서 참 복이 많으신 분이라고 하면서 몇 번을 감탄하는 걸 보았다. 복은 죽을 때까지 말하지 못하는 거라고 하던 어른들의 말씀이 떠올랐다. 장의의 말을 듣고 재물은 궁핍했지만 남에게 가슴 아프게 한 일이 없으니 그럴 수밖에 없다고 사람들이 고개를 끄덕였다. 제단의 촛불이 맑게 몸을 태우던 그날, 이승에서 태우는 마지막 불은 너무 청정하여 생시의 모습이듯 깨끗하여 추모하는 사람들의 마음을 모았다.

아끼면 쉬 쓴다고 아끼지 말라는 말이 있다. 아끼지는 않았지만 나름대로 애지중지하던 시간이 만나지 못할 시간으로 바뀌었다. 흥망

성쇠도 순간에 있다. 알게 모르게 경험으로 믿게 된 나의 철학은 할 수 있을 때 하는 것이다. 한다는 것은 선물이라는 처세도 들어간다. 지금 눈앞에 일어나는 일이 그런 순간이라면 내려놓아야 한다는데 생각이 닿는다. 의미 있던 시간이 때로는 아무 의미 없는 시간이 되는 세상사의 일에 내가 무슨 힘이 있다고 왈가불가하겠는가. 순리는 아니지만 그것도 나의 삶의 한 순간이라면 따를 수밖에 없다. 하늘도 내려놓아야 하는 때가 있었는데 이런 일이야 대수가 아니다.

이윤기의 『그리스 로마 신화』에 '프로크루스테스의 침대' 이야기가 있다. 내 생각에 맞추어 남의 생각을 뜯어고치려는 버르장머리 이야기인데 남에게 해를 끼치면서까지 자기의 주장을 굽히지 않는 횡포를 말한다. 결국 자기가 행했던 일에 자기가 당하는 것으로 결말에 이른다. 자기의 기준에 맞춘 침대 위에서 자기의 기준이 잣대가 아니었음을, 횡포의 덧없음을 알았을 때, 이미 때는 늦었다. 앞서 힘없이 죽어간 사람들의 길을 걷는 이야기이다. 판타지로서가 아니다. 우리에게 재해석하여 메시지로 전달해 주는 '프로크루스테스의 침대'가 현실에 있다고 가정하면 너무 안타깝고 불행한 일이라고 할 수밖에 없다.

'잡아 늘이는 자'는 어떤 사람일까. 신화에나 나오는 사람이라고 여기면서도 우리의 주변을 돌아보게 하는 이야기이기에 관심이 간다. 우리 주변은 끼리끼리이다. 나의 주위에 그런 잣대를 가진 자가 있다면 누군가가 혀를 찰 것이다. 왜냐하면 그런 사람과 같은 통속인 줄 몰랐던 것에 대한 실망감이다. 나를 돌아보는 시간이다. 이치에 맞지 않는 잣대를 타산지석이라 여기며 받아들이기에는 한없이 나를 눌려야 하는 것에 한계에 부딪히기 때문이다. 그러나 상처로만 끝나는 것이 아니고 죽음에 이르게 하는 것이기에 앞으로 단단히 살피기로 한다. 나를 위해서, 보이지 않는 또 다른 나를 위해서이다.

우리 반, 우리는

어느새 여덟 번째 가을을 맞이하고 있다. 첫 출근처럼 거울 앞에서 머무는 시간이 많다. 나의 표정과 몸짓이 그들에게 한국의 거울로 비칠 테니 스트레스를 털어낸다. 드라마를 통해 한국에 대한 막연한 기대나 꿈을 꾸고 온 여성들도 가끔 있다. 그런 여성에게는 실망감이 한국에서의 첫 경험이다. 꿈과 현실은 엄연히 다른 줄 알면서도 한국에서는 이루어 질 수 있다는 생각을 빨리 떨어내지 못할 때는 안타깝다. 극과 극의 꿈과 현실을 이완시킬 수 있는 것이 현실 적응이다. 한국어를 가르치기 전에 그들의 마음을 헤아리는 배려가 필요하다.

C시 여성회관 J관은 한글학교 운영을 주목적으로 하고 있다. 시스템이 체계적이고 교사진의 구성도 뛰어나다고 알려져 있다. 상담은

물론이고 네트워크가 잘 되어 있어서 적응을 빨리할 수 있도록 최선을 다한다. 이들은 이중어를 해야 하는 것이 선택이 아니고 필수이다. 막연한 불안감은 한글학교에서 만나는, 국적이 같거나 다른 친구들을 통하여 동병상련을 느끼면서 적극적으로 바뀌는 것을 볼 수 있다. 만나는 즐거움이 먼저이고 그 즐거움을 통해서 한글에 대한 관심도 커져서 적극적인 참여를 하게 된다. 한글교사는 이들이 이러한 과정을 치룰 때까지 지켜보며 기다려주는 협력자로서 관심을 기울려야 하는 것이다.

특히 한글을 조금 터득하게 되면 결석하는 횟수가 많아지고 여기저기를 기웃거리는 경우가 있다. 이들의 관리는 학교에서 또 다른 어려움이지만 관심이 해법이다. 기존의 학습자는 새 학습자에게 소통의 문제에 도움을 주기도 하지만 영향을 미치기도 한다. 학습태도는 새 학습자에게 본보기가 될 뿐만 아니라 한국생활을 어떻게 받아들일 것인지에 대한 속수무책의 바이러스라고 해야 할 것이다. 이러한 여러 가지 문제점을 해결하기 위해서 한글학교는 2년 전부터 담임제로 바꾸었다. 학습자를 담임이 직접 상담하고 담임은 반장제도 등 학급운영을 자율적으로 한다. 열정과 노력에 의해 따라오는 자신감에서 학습의 흥미는 높아진다. 첫 번째의 실망감은 한낱 추억거리임을 서로 이야기하며 웃는 날이 많다.

우리 반은 무궁화반이다. 현재는 무궁화반이 선배들의 반이다. 일주일에 네 시간 수업으로 빠른 시일 내에 한국어를 정복한다는 것은 쉬운 일이 아니다. 임신과 출산 등을 치르다 보면 결석이 잦을 수밖에 없다. 삼사 년을 배웠다고 해도 꾸준한 학습을 했다고 할 수 없다. 해마다 학년 초기와 중기에 전체 시험을 쳐서 학년 능력에 알맞은 반으로 이동한다. 우리 반은 수업 중에 자연스럽게 한국어토픽을 준비한다. 한국어토픽은 자기 선택이지만 4급도 여러 명 있어서 자부심이 대단하다. 5~6급에 도전하는 학습자는 신문사설을 읽힌다.

문법을 활용한 문장 만들기를 스스로 한다. 글짓기대회에서 우수한 성적을 받고 시를 쓰는 학습자도 있다. 글짓기를 통해서 스트레스나 갈등을 드러내어 그것을 승화시키고자 하는 것이 또 다른 나의 목표이다. 고향의 그리움을 해소시키는 방법으로 문장 만들기를 통한 글짓기는 성공적이다. 자기가 쓴 글을 통해 카타르시스를 맛보고 깊어지는 서정은 자연스런 정착으로 연결된다. 쓰기, 말하기, 읽기, 듣기의 종합세트가 문장을 통해 발산되므로 느리지만 꾸준한 연습이 자신감을 발휘하는 우리 반, 우리의 자랑이다.

한 학습자는 4급을 합격하여 고향인 중국 청도로 남편과 함께 취직이 되어서 갔다. 남편이 취직 면접을 보면서 면접관에게 4급을 딴 아내의 한국어 실력을 소개했다. 아내는 면접 기회를 놓치지 않고 실력을 발휘하였고 결국 자기 고향으로 남편을 데리고 간 것이다. 일본인 학습자는 4급으로 이웃에게 일본어를 체계적으로 가르치고 있으며,

그 대가로 뜨개질을 배운다거나 한국요리를 배우기도 한다. 그녀는 아이를 셋이나 키우면서도 부지런히 학교에 나오고 있으며 수업 시간에 한국어의 문법과 말하기 그리고 읽기, 듣기의 반복적인 학습을 꼼꼼하게 필기한 것이 일본어를 가르치는 데 도움이 많이 된다고 한다.

중국인 학습자는 학원에 출강한다. 결석을 거의 하지 않고 모범을 지금도 보이고 있다. 필리핀 학습자 또한 영어 강사로 학원에 출강하고 있다. 초등학생의 장난기에 화가 난다고 하면서도 웃는 그녀는 시부모를 모시고 잘 산다. 수업시간에 하는 역할극은 친밀도를 높인다. 서로의 실수를 보며 자기 실수를 발견하는데 웃음꽃이 만발하다. 박장대소가 간섭 받지 않는 시간이다. 짝 활동은 짝을 바꾸면서 하는데 발음과 억양이 좋은 학습자와 그렇지 못한 학습자가 짝이 된다. 말하기 수업은 짝끼리 주제를 가지고 대화문장을 만들어서 할 때가 많다. 생활대화를 할 때도 있지만 대학생들이 쓰는 대화나 전문용어를 익히고 사용하게 함으로써 자존감을 높이고 있다. 학력이 다양해서 잠깐의 어려움은 겪는다.

호칭을 배울 때 어려워한다. 도표를 그리거나 빈 칸 채우기를 하는데 쉽지 않은 모양이다. 서로 의논하게 한다. 각자 집안에서 어떻게 부르는지 알 수 있기 때문이다. 시어머니가 "어멈아" 부를 때 누굴 부르는지 몰랐다고 하는 사람이 많았다. 남편은 '오빠'보다 '여보'라거나 '남편'이라고 부르는 쪽이 우세다. 문화도 열심히 학습하고 각 가정에서도 신경을 쓰기 때문에 예의범절이 바르다. 교과과정에서 문화에 관련된 부분은 대화문을 통해 이해하고 익히며, 질서라든지 교양을 학습하는 우리 반, 우리는 노력을 아끼지 않는다.

　수업 때 어쩔 수 없이 따라오는 아기가 있다. 가끔 칭얼거려도 아무도 개의치 않는다. 나는 그 아기들을 청강생이라고 부르는데 심하게 방해가 되면 '쉿' 하는 입모양을 보이면 금방 달라진다. 칠판에 집중해야 할 때를 놓치는 학습자에게는 '띵-똥' 벨소리로 통한다. 우리의 소통방법은 다양하여 통하지 않는 것이 없다.

　그동안의 수료식은 참 인상적이었다. 고유의상의 퍼레이드는 하이라이트로서 그야말로 볼거리였다. 이번에는 개인별 장기자랑도 재미있겠지만 동화극과 수업 재연, 여성 수다의 테마도 기대된다. 우리 반, 우리는 덤으로 편지 낭독도 한다. 목소리를 다듬으며 적당한 긴장을 즐긴다. 벌써 겨울방학이 서둔다.

자서전

나의 삶과 관련된 의미 있는 과거 사실들에 대한 인식은 나의 발전을 위한 단추가 된다. 과거 시간은 인식만으로 끝나는 일이 비일비재하다. 추억이라는 기억창고에서 습기가 차도록 눅눅하게 있다가 인식이라는 햇살 한 줄기를 만나면 잠시 반짝이다 다시 잊혀간다. 인식을 기록하면 역사가 된다. 역사를 쓸 때 반추보다 사실적인 것을 원한다면 일기장을 참고하면 더 리얼하게 나의 역사책을 만들 수 있을 것이다. 그림일기로부터 시작한 일기가 절대적으로 필요한 날이 있을 줄이야.

몇 해 전에 자서전을 쓰고 싶다는 사람을 소개받았다. 통화를 한 번 했다. 개인의 영웅담을 써야 하는 부담이 나 자신에게 허락되지 않아서 그만두었다. 가까이는 올해 봄에 있었던 일이다. 두 사람을 통해서 나를 알게 되었다고 하는 나와 동년배였다. 같은 시절을 보냈다는 것에서 호감이 갔고 여성이야기라는 점에서 만나게 되었다. 그녀가 하고 싶은 말이 많다고 해서 만났는데 나의 결정이 남았다. 그녀의 이야기를 메모해 둔 것을 자세히 읽어 보았다. 그녀가 제안한 기간이 짧은 것도 문제였지만 이야기만 듣고 일방적으로 써야 한다는 게 큰 걸림이었다. 정중히 거절했으나 섭섭함을 비추었다.

올봄에 자서전 강의를 했다. 자서전은 나이가 든 사람이 쓰는 것이라는 선입견에 젊은 사람들이 많이 망설인다고 한다. 개강 날 아기를 업은 새댁이 눈에 띄었다. 첫째는 어린이집에 다니고 둘째의 출산으로 하던 공부를 중단했다고 하면서 자서전을 어떻게 쓰는지 궁금했다는 것이다. 업힌 아기는 건강해서 안아도 무겁다고 웃는 그녀가 예뻤다. 몇 회기 후에 아기로 인해 다른 사람에게 피해를 주는 것 같다며 도중하차하면서 보내온 문자에는 육아에 관련된 자서전을 준비하는 꿈을 꾸게 되었다는 것이다.

자서전을 시작할 때 자기 생애를 공간으로 나누고 공간에서 시간 순서를 확대해 나가면 쓰는 부담을 줄일 수 있다. 자서전의 내용에 따라 주제적· 종교적· 소설적 자서전으로 분류할 수 있다. 주제적 자서전에는 아돌프 히틀러의 <나의 투쟁> 등이 있고, 종교적 자서전에는 성 아구스티누의 <고백론> 등이 있으며, 소설적 자서전에는 새뮤얼 버틀러의 <만인의 길> 등이 있다. 우리의 삶은 주제가 다양하다. 지나간 공간이든 시간이든 어렵지 않게 떠오를 때 한 번 준비해 보는 것이 어떨까 싶다.

두꺼운 노트를 한 권 샀다. 표지가 예쁘거나 아름다우면 좋지만 내가 산 노트는 일반노트라서 표지를 꾸며야 한다. 나의 다섯 번째 시집 『시간의 꽃』 표지를 쓰기로 한다. 표지에는 장미꽃으로 장식되어 있다. 장미꽃의 진화가 시간의 상징성을 나타내는 자서전에 적합하다고 생각했기 때문이다. 장미의 가시는 아래쪽으로 날카로운 끝을 보이고 있어 다른 꽃에게 상처를 주지 않는 것도 선택한 이유다. 장미꽃이 변이해 온 현상을 추이해 봄으로써 현재 존재하는 장미꽃의 아름다움을 이해할 수 있듯이 나는 표지를 장미로 삼으면서 자꾸 의미를 부여하게 된다.

나의 출생과 어린 시절을 나의 어린 시절 한 묶음으로 묶는다. 어린 시절을 돌이키면 잊었던 외할머니도 거기에 있다. 자서전을 준비하지 않으면 돌이켜 볼 생각마저도 없던 일들이 수군거리며 나타난다. 마루 밑을 가지런히 채우고 있던 장작의 기억은 무엇일까. 마루 끝에 앉아서 다리를 흔들거리며 노는 일곱 살 아이가 부르던 노래는? 여름에도 한기가 든 그 아이의 홍역은? 아이를 업고 간 어머니의 놀란 가슴은? 어린 시절의 공간에서 시간을 나눈다.

기억으로 재구성하여 쓰기가 쉽지 않다. 어린 시절 대부분은 가족과 구성되어 있으므로 중립적인 견지가 어렵다. 그리고 지금의 시점에서 먼 것일수록 의식적 무의식적 탈각과 변형을 겪게 되는 폭이 심한 것이 또 다른 어려움이다. 정해진 주제의 확장되는 과정에서 산만하게 늘어놓는 것보다 순간을 길게 하면 좋을 것 같다고 여긴다. 기획하고 구성하는 일이 만만하지 않지만 꼭 해야 하는 일이다. 회상의 공간에서 나의 어린 시절이 태어난다. 재미있게 그곳으로 건너갈 참이다.

시각에서 느낀 부분을 많이 할애한다. 칠십 퍼센트 정도가 시각의 기억으로 쓴다. 청각은 오감 중에 두 번째로 이십 퍼센트를 차지한다. 자서전에는 청각의 재발견도 필요하다. 기억의 목소리를 하나씩 써본다. 할머니는 내가 태어나기 전에 돌아가셨으니까 외할머니의 목소리를 들춘다. 오래 전에 기억 밖에 있었던 목소리를 따라 외할머니의 따듯함도 밀려온다. 얼른 메모한다. 자서전이라는 타이틀 앞에 앞다투어 쑥쑥 동참하는 기억들, 나의 세월에 다져진 목격들이다.

나의 생애는 노년기를 준비해야 하는 시기에 들었다. 여기까지 당도하는데 거쳐 온 시기는 나누기 나름이지만 출생을 기점으로 하면 대부분 예닐곱 개가 된다. 슬펐거나 기뻤거나 등을 불문하고 시기마다 가장 인상 깊었던 시기와 장소를 정확하게 기록하는 것을 잊으면 안 된다. 이것은 자서전의 특징이 자신의 생애에 대해 스스로 쓴 전기로서 허구가 아닌 역사기록이기 때문이다. 자기 생애의 역사는 비록 가족에게 알리는 한정된 사람들에게 필요한 것이다. 역사는 정확성이 필요하다. 자세하게 기록해야 할 것은 시간을 같이 했던 가족들, 사람들로부터 이야기를 수집하는 것도 좋을 듯하다.

바쁠수록 돌아가라는 말이 있다. 마음먹었을 때 줄줄 써 내려가면 금상첨화겠지만 사실적인 것에 중점을 둔다면 기록의 준비를 철저히 하는 것도 중요하다. 돌아가는 것도 늦지 않다. 자서전 준비에 앞서, 후회가 있다면 친정어머니가 살아계실 적에 본격적으로 쓰지 못한 것에 있다. 어머니의 기억을 참고할 출생과 어린 시절의 장이 잘 넘어가지 않기 때문이다. 장마철에 연금술사가 되어 자서전을 꾸미며 지루함을 잊는다.

네 명의 요리사가 탄생했어요
- 원어민 한국어 수업일지

지난주에 숙제를 '고향에 계시는 부모님께 한국요리를 소개하기'를 내 주었다. 수업하다 보면 어떻게 하면 한국을 더 사랑하게 할 수 있을까를 염두에 두게 된다. 한국의 음식에 관해서 관심을 많이 가지고 있는 대부분의 젊은 원어민 주부의 식탁이 궁금했다. 마침 교재 내용이 한국 음식을 만드는 것이었기에 자연스럽게 솜씨를 엿볼 수 있었다. 네 명이 발표한 것을 그대로 옮겨 놓고 간단한 소감을 쓴다.

먼저 찌티튀류 씨의 생태국 끓이는 방법이다.

"이제는 한국 음식을 매일 먹습니다. 한국 요리도 잘할 수 있게 되었습니다. 우리 남편하고 요리를 시작합니다. 남편과 준비한 것은 생태국이에요."

　재료 준비 : 무 200그램, 대파 2대, 소금과 생강즙 약간, 다진 마늘. 고춧가루, 청양고추 1개.

　"만드는 방법이에요. 냄비에 물을 부어서 끓여요. 끓으면 생태를 넣고, 생강즙, 소금, 집 간장, 청양고추를 넣고 펄펄 끓이면 거품을 걷어 내고 고춧가루를 넣어서 10분쯤 끓이다가 대파를 마늘과 같이 넣어요. 생태국 완성입니다. 우리 남편하고 아이도 잘 먹습니다."

　찌티튀류 씨는 한국 사람들이 외국인이라고 반말을 할 때 진짜 마음이 아프다고 한다. 그리고 사생활에 대해서 거의 같은 것을 물어보아서 이상하다고 한다. 말하자면 어디서 왔느냐, 나이가 몇 살이냐, 또 남편의 나이도 묻고 시부모와 함께 사느냐 등이다.

　숙제를 읽어 보면서 가슴이 뜨끔했다. 호구조사 하듯이 묻는 우리의 문화가 그녀를 불편하게 한 것에, 나도 예외는 아니었기 때문이다. 한국에 온 자신의 삶이 후회스럽지 않도록 열심히 산다는 찌티튀류 씨, 남편과 끓이는 생태국 맛은 한국어로 끓이는 특별한 맛이라서 오래오래 기억 속에 남을 것이다.

　다음은 역시 베트남 사람이면서 한국 이름을 가진 안채란 씨의 된장찌개를 소개하고자 한다. 안채란 씨는 항상 맨 앞줄에 앉으며 아들 민석이를 데리고 온다. 11개월 되었는데 낯을 가리지 않아서 공부시간에 자유스럽게 교실 구석구석을 보행기를 타고 다녀도 방해된다고 아무도 신경을 곤두세우지 않는다.

"엄마, 아빠 많이 사랑해요. 보고 싶어요. 엄마 아빠 전 한국에 온 지 2년 되었어요. 한국 음식 중에 된장찌개가 정말 맛있어요."
"된장찌개 만드는 방법이에요. 먼저 냄비에 물 넣고 끓이다가 팔팔 끓으면 된장을 넣고 10분 더 끓이다가 다진 마늘, 고춧가루, 청양고추, 버섯, 양파, 두부하고 넣어 끓이면 돼요. 언제 한번 엄마, 아빠 한국에 오시면 된장찌개 맛있게 만들어 드릴게요. 그리고 저는 남편하고 우리 아들하고 잘 있어요. 엄마, 아빠 항상 건강하세요. 걱정하지 마세요."

짤막하게 소개한 된장찌개 만드는 방법이지만 베트남에 계시는 안채란 씨의 부모님께서 이 편지를 받아 보시면 얼마나 기특해 할까를 생각하니 가슴이 뭉클해졌다. 날마다 보아도 보고 싶은 부모님을 '언제 한번 오시면' 하는 말로 맺음을 할 때의 안채란 씨의 모습이 떠올라 눈시울에 젖는다.
다음은 김 궝 씨가 사랑하는 아빠, 엄마에게 소개하는 김치찌개이다.

"엄마! 딸 한국요리 잘해서 소개해 드릴게요."

재료 준비: 돼지고기, 멸치, 파, 양파, 마늘, 후춧가루, 두부.
"김치찌게 만드는 방법이에요. 멸치 다시를 뺀 다음 돼지고기, 김치를 넣고 끓이다가 마지막으로 파, 양파, 두부, 후춧가루를 넣으세요. 5분 정도 더 끓이면 다 됐습니다. 맛이 있겠죠! 엄마 아빠 끓여 드세요. 언제 베트남 가면 맛있게 끓여 드릴게요. 나는 엄마한테 더 잘해주고 싶은데 멀리 있으니까 엄마! 항상 죄송하고 고맙습니다. 한국에서 시부모님, 남편이랑, 아기랑 행복하게 잘살고 있어요. 너무 걱정하지 마세요. 제가 열심히 행복하게 잘 살겠습니다. 아빠 엄마 몸 건강하고 밥 잘 챙겨 잡수세요."

보고 싶은 딸 김 꿩 올림

언제나 조용한 미소를 짓는다. 수업은 보기보다 적극적으로 하며 항상 나의 시선을 의식하는 편이다. 언제 갈지 모르는 친정이다. 화장실과 친정은 멀어야 한다는 말이 이해가 안 된단다. 멀어서 못 가 안타까운 친정인데 가까이 두고 가지 않는 인내를 알기까지 시간이 걸리라. 김 꿩 씨가 끓이는 김치찌개는 특별한 맛이 숨이 있을 것이다. 그 재료에다 알맞게 팔팔 끓이는 감칠맛에 한 맛 더 하는 군침이 돈다.

다음은 스베다 씨의 전통 된장 담그는 방법이다. 스베다 씨는 한국어를 열심히 배우고 성격이 다정다감하여 인기가 많은 우즈베크 여성이다.

부모님께 후회하지 않고 잘살고 있다고 하면서 할아버지 할머니의 고국인 한국이 참 좋다고 한다. 고려인 사람들이 하는 말을, 한국에서 옛날 드라마에서 들을 수 있다고 하는 걸 보니 스베다 씨의 고향에서는 우리말을 많이 쓰고 있는 것 같다. 마지막으로 스베다 씨의 전통 된장 담그는 방법이다.

"어머니 제가 전통 된장 담그는 방법을 배웠어요. 그 방법을 어머니께 알려 드릴게요. 시간 오래 걸려도 괜찮지요?"
"된장 만드는 방법이에요. 노란 콩을 1시간 동안 물에 담아 놓은 후 냄비에 넣고 6시간 동안 삶아요. 삶는 동안 거품과 함께 섞인 껍질을 버리세요. 콩이 다 익으면 물을 버리고 믹서기에 넣고 갈아요. 갈아 놓은 콩을 잘게 빻은 다음 손으로 주물러 네모로 만든 후 3개월 동안 말리시면 돼요. 말린 콩은 간을 맞춘 후 햇볕에 놔두세요. 한 달 지나가면 된장이 돼요. 어렵죠? 그래도 한국 된장이 최고예요! 이제 된장 만드는 방법을 아셨으니까 맛있는 된장찌개를 많이 드세요."

스베다 씨의 알뜰한 된장 담그기는 젊은 사람들에게서 차츰 잊혀가는 것인데도 불구하고 소중하게 여기는 것이 대견스럽다. 고향에 계시는 어머니에게 전하는 마음이 따뜻하다. 이렇게 직접 만든 된장에 찌개를 끓이면 얼마나 맛있을까. 뽀골뽀골 된장찌개가 우리 교실에서 맛있게 끓는다.

  만날 날을 '언젠가'로 표현하는 여성들이 사랑스럽다. 한국어를 배우려고 애쓰는 모습은 수시로 눈물샘을 자극한다. 고향을 떠나온 사연은 각각 다르지만 서로 이해하며 사이좋게 지내는 이들이 날마다 보고 싶다.

작품해설

박미정의 수필세계
– 풍성한 의식의 흐름, 조용한 열정의 파동 –

권 대 근

박미정의 수필세계
- 풍성한 의식의 흐름, 조용한 열정의 파동 -

권 대 근

문학평론가, 대신대학원대 문학언어치료학 교수

　수필의 핵심은 원시의 정, 바로 수필의 향기다. 아무리 아름다운 꽃이라도 향기가 없으면 생명이 없는 조화나 다름없다. 꽃도 향기를 갖고 있고, 사람도 그 나름의 향기를 낸다. 수필에서 문장이 매력적 요소라면, 향기는 절대적 요소다. 이 논리를 전제로 할 때, 박미정은 풍성한 의식과 조용한 열정으로 우리 시대가 잃어버린 인정을 수필 속에서 두레박으로 길어 올리고 있는 사람이다. 몸속에 해맑은 수액이 흐르고 있는 작가다. 박미정의 수필은 자연의 빛깔과 인정의 향기가 서정이 되어 내면을 촉촉이 적시는 정감의 세계를 향하고 있다. 사소한 것의 아름다움과 인연의 소중함을, 모성과 그리움을 청량한 눈과 마음으로 그리고 있어 감동을 준다. 박미정의 수필은 한마디로 그리움이 있고, 인정이 있고, 구원이 있는 공간에서 출발한다. 작가의 시선은 언제나 자신의 내면에 머문다. 주로 자신의 심중에서 여울 치는 물결의 무늬를 그려내는 일에 몰두한다. 그녀의 문학적 그림자 형상을 한마디로 말하자면 '견고한 인성'이다. 작가적 현실 세계가 삶의 기록으로 끝나는 것이 아니라 '삶'이라는 보편성에 의미를 부여하는 방향으로 키를 틀고 있어서 그녀의 작품은 문학적 향기를 발한다고 볼 수 있다.

좋은 수필이란 모든 사람이 공감할 수 있는 가치 있는 체험과 세련된 정신세계를 문학적으로 형상화한 글이라고 할 수 있다. 한마디로 시적 발상으로 산문적 형상화를 이룬 글이다. 모든 수필의 가치 척도는 여기서 출발한다. '공감할 수 있는'의 성질은 문학의 보편성을, 가치 있는 체험은 구체성을, 세련된 정신세계는 날선 인식을 의미한다. 그리고 문학적인 형상화는 활어로 디자인된 감각적 표현을 뜻한다. 아마도 문학적 성취를 이룬 글이라면 이런 기준을 충족시켜야 마땅하다. 무엇보다도 중요한 것은 삶의 창조적 내포를 담고 있는 참신한 의식이 작품 속에 넘실거려야 한다는 점이다. 이런 관점에서 보면 박미정의 『해무를 벗기다』는 이런 준거를 충족시키고 있는 글들이다. 그녀의 글은 그녀가 살아가면서 남긴 흔적과 체온이며, 그것이 정서화되어 한 편의 드라마처럼 리얼하게 펼쳐진 삶의 기록이라는 점에서 소설적인 감동을 주며, 언제까지나 사라지지 않을 여운을 남기게 된다. 이러한 차원에서 보면 박미정은 삭막한 도시적 기계의 틀 속에서 인간성의 이해와 인간애를 추구하는 작가라 할 수 있다. 이 점은 작품을 직접 살펴보면 더욱 명확히 알 수 있다. 삶의 문제를 마주한 자아 성찰적 작가가 시간의 길에서 만난 문학 혼을 어떻게 수놓고 있는지를 살펴보자. 수필의 숲에서 만난 생의 연금술이 지닌 힘이 어떨지 자못 궁금하다.

1. 추억의 영토에 핀 진분홍빛 향기

 모든 예술이 그러하겠지만, 문학이라고 하는 것에서 없어서는 안 될 정서가 있다면, 그 것은 '외로움'이라는 것이다. 인간에게 외로움과 허전함이 없다면 언제나 만족스럽고 꽉 있다는 느낌 때문에 행복할 수 있을는지는 모른다. 그 행복 속에서 인간은 지향하고자 하는 욕망이나 욕심이 없어지고 편안해질 것이며 평화로워진다. 그러나 불행하게도 인간은 이러한 만족감을 오래 누리고 있지를 못한다. 편안하다는 느낌이 오래 지속할 때 우리는 심심해지기 시작한다. 편안함에서 벗어나고자 했던 끝으로 생겨난 것이기 때문에 그것 자체가 힘들고 고통스럽다는 정서를 대동하고 있다. 이런 작가를 위요한 습관화된 환경이 박미정 문학의 씨앗을 잉태했다.

수필은 자아와 그리움을 찾아 나서는 작업이다. 현재는 과거가 있었기에 가능한 것이다. 여기서 자신의 과거를 잊고 현재에 묻힐 것이 아니라, 객관적인 회상을 하는 가운데서 자신을 찾아 바로 세우는 일이 바로 수필적 생활이다. 포근하고 생명의 기운으로 가득 찬 의식의 산실이었던 유년기 속에 있는 흑백 사진처럼 아련히 남아있는 인정을 오늘날의 건조한 풍요와 대비해 촉촉한 모습으로 구체화한다. 대단한 필력이다. 다소 안정된 공간에서 박미정이 마주하는 수필적 공간은 유 칠십 년대 애환을 담은 애련한 사진으로 인식된다. 하늘을 안고 들어온 햇살이 모인 과거의 모습이 그리움으로 다가오는 것은 추억은 언제나 아름답기 때문이다.

　　어머니는 막내딸이 씌워 준 사각모가 어울리던 한 해를 보내시고 다음 해 이른 봄날에 돌아가셨다. 나는 마지막 이별을 하는 곳에서 지금껏 본 꽃신 중에서 제일 예쁜 꽃신을 신으신 어머니를 보았다. 울음을 멈춰야 한다기에 멈췄지만 아마도 아름다운 꽃신에 놀라서 울음을 그쳤는지 모른다. 단정하신 어머니에게 너무 잘 어울리던 진분홍빛 꽃신을 신으시고, 계시는 그 세상은 어디쯤인지 알 수 없지만 봄마다 철쭉꽃 나들이를 즐기셨으면 좋겠다.

-「철쭉꽃 이야기」에서

그녀는 시린 마음으로 한없이 어머니를 그리워하는, 인정스런 작가다. 고독한 세월의 그늘에서 작가의 어머니는 막내딸이 씌워준 사각모를 써보고 저 먼 곳으로 떠났다. 박미정의 문학세계를 이루는 가장 두드러진 그림자 형상은 존재에 대한 짙은 외로움과 가시지 않을 짙은 향기다. 모든 사람의 가슴 속에 공통으로 존재하고 있는 것이기도 하지만 유독 그녀에게는 강하다. 그러기에 그녀는 천국에서도 어머니가 철쭉꽃 나들이를 즐기기를 원한다. 세상에 존재하는 모든 것은 자기를 표현함으로써 자기 존재를 드러낸다. 그녀의 대다수 작품은 과거 회고적 그리움으로 생성되어 있다. 그녀야말로 눈물의 습기를 통해 황홀한 기적을 만나는 작가다. 수필을 씀에서, 박미정은 수필이 실존적 불안을 표현하든, 소시민적 생활의 애환을 그리든, 병든 사회에의 저항과 분노를 나타내든 간에, '문학성' 속에 그 대상을 용해하고 있다는 점이다. '사각모가 어울리던 한 해'에는 벼랑 같이 느껴질 정도의 안타까움이 녹아든 어구를 적재적소에 놓을 때까지 그녀는 감각의 촉수를 갈고 닦았으리라 본다.

문학성이란 말이 상당히 막연한 것 같지만, 따지고 보면 주제와 구성 그리고 표현의 공감도를 의미한다. 여기서 '울음을 멈춰야 한다기에 멈췄지만 아마도 아름다운 꽃신에 놀라서 울음을 그쳤는지 모른다.'라는 표현은 그녀의 수필가적 문재文才를 보여주는 공감의 지름길이라 할 수 있다. 수필은 공감의 문학이기 때문에 멋과 맛뿐만 아니라

반드시 향기를 지녀야 한다. 그 향기는 솔직함에서 나오지 않는가. 또한, 작품과 작가는 일치해야 한다. 수필적 삶의 진실이 그대로 자신의 수필 속에 투영될 때, 향기가 나오기 때문이다. '나는 마지막 이별을 하는 곳에서 지금껏 본 꽃신 중에서 제일 예쁜 꽃신을 신으신 어머니를 보았다.'는 대목은 박미정에 있어서 삶의 진실과 수필의 진실이 같음을 증명한다. 일상을 조탁하는 정서의 힘이 멋을 한껏 우려낸 결과다. 수필「서문 고갯길」을 보면, 그녀는 어둠 속에서도 환히 피어나는 피안의 세계를 가진 작가임을 알 수 있다.

> 서문 고갯길은 나에게 아롱다롱 추억을 많이 안겼다. 나를 위한 이벤트가 여기에서 만들어졌다고 해야 할까. 삶에 대한 물음을 위해 때때로 이 길을 걷는다. 오선지의 선처럼 반듯해진 길은 낯설지만 불편하지는 않다. 높은음자리표의 아름다운 곡선에서 살아나오는 추억의 변주곡이 여기에 있다.
>
> -「서문 고갯길」에서

「서문 고갯길」은 그녀가 살아왔던 시간 중에서도 가장 짙은 '아롱다롱' 추억을 동반하고 있는 작품이다. 아름다운 곡선의 향기가 서려 있던 시간에게 뿌리를 내리고 있다. 수필의 특성 중 하나가 자조적 성격이다. 수필은 자기 자신의 내면을 보는 거와 같다. 수필「서문 고갯길」에서 작가는 아름다웠던 추억의 변주곡에 초점을 둔다. 그러면서 평온했던 자신의 처지를 동일 선상에 놓는다. '서문 고갯길을 통영사투리로 서문 까구막이라고 불렀다. 까꾸막은 언덕배기라는 말이다. 그 길을 하루에 두 번씩이나 왕복하다 보니 눈 감고 걸어도 어디에 돌부리가 있는지 없는지 훤하다. 길은 양면성을 보였다. 바쁜 등굣길은 숨차게 하고 하굣길은 숨쉬기를 가볍게 했다. 나의 변화무쌍한 숨을 고르는 것은 악기 소리였다. 트럼펫 부는 소리와 피아노 건반의 실루엣은 악기 소리로 스크럼을 짜고 있는 아름다운 길이었다. 금관악기의 매력을 만나고 훗날 소녀의 기도, 엘리제를 위하여를 치게 하는 열정을 내게 준 것이 이 길이었다.'고 고백하는 작가는 이 수필에서 유년의 추억과 자신의 삶을 하나의 끈으로 묶는다. 그 운명의 사슬이나 속성에 탐닉하며 편안하고 행복한 그리움의 정서를 드러낸다.

　추억이 물결치는 수필은 「추억의 뱃고동 소리」다. '언제부터 어쩌다가 나는 이 소리를 잊고 살았단 말인가.'라는 작가의 독백은 분주한 현대적 삶 속의 반성적 성찰을 표백한다. '항구를 떠나는 배가 돌아올 것을 기약하는 소리여도 좋고 험한 파도 속에서 살아 돌아온 생명을 알리는 소리여도 좋다. 오늘은 추억 속의 그리움으로 이 소리를 듣고 싶다.'는 작가는 뱃고동에다 인간사를 투영하고, 자신의 삶까지도 포갠다. 바다의 딸로 태어난 것을 숙명으로 받아들이는 작가이기에 투사를 통해 짙은 공감의 근원을 여운에서 발견한다. 그리고 유년의 삶을 통해 자신의 내면을 투영한다. 뱃고동은 자기 존재를 스스로 눈으로 응시하기 위한 수단이 된다. 따라서 이 수필은 자기 응시의 경로를 통해 견뎌온 삶의 향취를 풍긴다. 뱃고동의 여운과 유년의 삶을 연결시켜 정서적으로 풀어낸 것은 박미정 작가의 탁월한 문학적 재능을 뒷받침한다. 이런 이미지의 결합이 문학적 성과를 거두는 이유는 뭘까. 추억이라는 벼랑 끝 궤적을 연상케 하면서 바다를 낀 통영에서 태어난 까닭으로 부산 부두의 뱃고동소리를 들으며 성장 과정에서 놓쳤던 유년의 추억을 불러내어 그녀는 치유를 시도하기 때문이다. '뱃고동소리가 울리면 가던 길을 멈추고 여운이 사라지도록 숨을 고르며 듣기도 했다.'는 작가는 흔들림 없이 지켜왔던 자신의 삶을 뱃고동 소리를 통해 길어 올리고 있어 감동을 준다.

> 부산부두의 국제선터미널 앞을 지나는데 부-웅 우는 뱃고동소리가 가슴으로 밀려온다. 뱃고동 소리다. 갓길에다 차를 세웠다. 언제부터 어쩌다가 나는 이 소리를 잊고 살았단 말인가. 여운은 꼬리를 물고 순식간에 온몸 속에서 소리의 진동을 재생시키고 있다. 항구를 떠나는 배가 돌아올 것을 기약하는 소리여도 좋고 험한 파도 속에서 살아 돌아온 생명을 알리는 소리여도 좋다. 오늘은 추억 속의 그리움으로 이 소리를 듣고 싶다.
>
> 　　　　　　　　　　　　　　　　－「추억의 뱃고동소리」에서

모든 것이 구속된 환경에서 문학은 설 자리를 잃는 법이다. 욕망이 좌절되고 꿈이 상처를 입을 때, 사람들의 마음에 정서가 생겨나는 것이다. 작가가 풀어내고 있는 이야기보따리는 그리움의 범벅이다. '뱃고동소리는 영원한 추억의 소리다. 독서를 하게 했고, 일기를 빠지지 않고 쓰게 했으며, 우울한 마음을 쓰다듬어 주기도 했다. 바닷가에 살면 날이면 날마다 들을 것 같지만, 귀를 기울이지 않으면 들리지 않는 게 그 소리다. 빌딩의 골목을 빠져나와 향수에 젖게 한 뱃고동소리의 여운을 가슴에 안고 시동을 건다. 너에게 전율한 이야기를 한 편의 수필에 옮겨 간직하고 싶다.'는 소망이 승화되어 한 편의 멋진 수필이 되었다. 작가가 '뱃고동소리가 시동을 걸어 주지 않았다면 쓸 건더기가 없어서 백지를 낼 뻔했다.'고 고백하는 것을 보면, 뱃고동 소리는 오늘날 박미정을 작가로 만든 씨앗이 분명한 것 같다. 작가가 탄 배가 시야에서 사라질 때까지 서 있던 어머니의 모습이 아직도 그녀에게는 생생하다. '공주섬이 보이지 않고 남망산의 자락이 멀어질 때까지 어머니를 한동안 보고 섰다. 어머니가 고향을 지키는 등대처럼 보였다.'는 어머니에 대한 기억은 사모곡이 되어 작가의 가슴에 남아 있다가, 박미정이 그리움의 정서로 수필을 쓰도록 요구한다. 무릇 작가는 무지개를 좇아가다가 놓쳐버린 소녀의 안타까움을 지녀야 한다. 뱃고동소리의 여운을 문학의 씨앗으로 의미화시킨 수법이 대단하다.

어느덧 장티푸스라는 고비를 다 넘기고 살았다 싶으니 또 한고비가 기다리고 있었다. 머리카락이 몽땅 빠져서 모자를 쓰고 다녀야 했다. 머리카락이 듬성듬성 나서 내가 보아도 사내아이 같았다. 투병 중에 모자를 쓴 것은 어쩔 수 없다 해도 완치된 후에 쓰는 모자는 죽을 맛이었다. 갑갑증도 부채질했다. 모자를 안 쓰겠다고 고집 부려서 혼나기도 여러 번이었다. 5학년 초에는 거의 힘이 없어서 학교에 다니지 못했고 2학기에 등교할 때는 꼭 모자를 쓰고 나가야 했다. 선생님과 친구들은 귀엽다는 말로 '사내애'라고 부른다고 했지만, 집에 오면 울기도 했다. 거울 앞에서 이 머리카락이 언제 다 자랄까 하는 고민에 빠져서 우울한 날도 많았다. 세월은 그때처럼 머리카락 빠지듯이 흘러가 버렸다.

- 「꽹과리」에서

이 작품은 작가가 병마로 고통스러웠던 순간순간을 추억하는 글이다. 장티푸스에 걸려 위기의 순간을 맞은 모습을 담담하게 그려내면서 작가는 외모에 치중하는 십 대의 솔직한 심정이 어떠한가를 보여주었다. 동시에 우정이 희미해져 가는 시대에 친구로서 어떻게 하는 것이 최선을 다하는 것인지를 당시의 영상을 통해 보여준다. 삶과 죽음의 경계에서 인간이 겪어야 하는 심리적 불안과 애환을 어찌 위 수필보다 더 절절하게 표현할 수 있겠는가. 절제된 감정으로 비통하기 그지없는 슬픔을 잘 다스려 서글픈 정조를 아프게 터치하고 있는 부분이 공감을 자아낸다. 인간적 향기가 묻어나는 글이다. 모자를 쓰고 다녔기 때문에 사내애라고 부르는 소리에 울기도 했던 장티푸스에 대한 상념은 인간사의 굴곡을 잘 나타내고 있다. '세월은 그때처럼 머리카락 빠지듯이 흘러가 버렸다.'는 결말부 진술은 신변 소재가 문학수필로 승화된 이유다.

병마로 고통스러웠던 자신의 모습을 오래 지켜봐야 했던 박미정에게 허약함이 아픔으로 각인되는 것은 당연한 일이다. '어느덧 장티푸스라는 고비를 다 넘기고 살았다 싶으니 또 한고비가 기다리고 있었다. 머리카락이 몽땅 빠져서 모자를 쓰고 다녀야 했다.'는 표현은 폭발적인 정서적 환기를 불러일으킨다. 서러운 심사를 간결한 문학어로 처리한 대목에서 작가적 역량을 엿볼 수 있다. '사는 동안 우리는 어려운 상황을 만난다. 나도 친구처럼 누군가에게 꽹과리 쳐 주고 싶다. 우리 둘은 오래전부터 닮은 게 많다. 그때 신나게 쳐 주던 꽹과리 소리를 기억한다. 나도 친구처럼 꽹과리를 잘 칠 수 있을 것이다. 더불어 산다는 게 무언가. 슬픔에 빠진 이웃을, 친구를 위해 회복을 돕는 꽹과리를 쳐 주는 일 아닌가. 꽹과리 소리가 울린다. 친구가 불현듯 보고 싶다.'는 결말부 의미화 진술은 자신도 주체할 수 없는 문학적 광기가 느껴지게 하는 대목이다. 여기서 우리는 현상의 추상성을 개념으로 설명하기보다는 구체화로 묘사하려고 노력하는 작가 정신을 만날 수 있다. 언어의 디자이너를 연상케 할 정도로 박미정의 글은 실감과 함께 상상력을 주면서 손맛을 느끼게 한다. 격정의 순간에도 감정의 절제를 통해 품격을 갖추려고 한 것도 좋았다. 그녀는 우리의 몸과 마음에 신선한 바람을 채워주는 작가이다.

2. 존재의 근원을 연 사모곡의 숨결

　박미정은 영롱한 빛살들로 가득 찬 그리움의 세계를 가진 작가다. 박미정 문학을 이루는 또 하나의 견고한 줄기는 근원에 대한 본능적 편향성, 어머니로의 지향성이다. 그 그리움의 귀착지는 어장을 지켜낸 어머니다. 작품 하나하나에 어머니를 그리워하는 정서가 없는 게 없다. 한마디로 절절한 사모곡이다. 이는 그만의 독특한 정서라기보다 모든 사람의 가슴 속에 공통으로 존재하고 있다. 대부분 수필이 존재의 근원에 대한 인식을 바탕으로 직조되고 있다. 어떤 경우든 삶을 윤택하게 하는 것은 인간의 순수 지극한 정성, 모정이라는 사실을 부정하지 않는다. 이 사실은 작품「아침수다」가 입증한다. 겉에서 보면 자매간의 소통이 화소가 된 것 같은 인상이 강한 작품이나 주제의식은 모정에 있다. 사람들은 물질적 변혁만 이루면 인간이 안고 있는 모든 아픔이 허물을 벗고 한순간에 환한 모습의 꽃으로 피어날지 모른다고 착각한다. 그러나 눈에 드러나는 현란함은 한때 사람들을 현혹

할 수는 있지만, 그 자체가 완전한 행복의 실체는 아니다. 물질만으로는 생명을 틔울 수 없고, 진정한 가치를 창조하기 위해서는 무한대의 '정'이 필요하다는 사실을 깨닫게 된다. 박미정의 수필적 정서는 이러한 작가를 최고로 여기는 어머니에 대한 그리움에서 비롯된 인간적 향기다.

> 스스로 관리하는 '어머니의 아흔'은 나에게 대단하다. 자신이 개발한 요체조를 날마다 하시고 사소한 것에 화내지 않으시고 남의 말이나 흉을 보지 않으신다. 우리가 남의 말을 하면 그렇게 할 일이 없느냐고 꾸지람을 하신다. 신문을 손에서 놓지 않으시고, 유머감각도 뛰어나서 이야기가 재미있다. 문학과 역사의 해박한 지식을 들으면 스스로 메모지를 챙기지 않을 수 없다. 사실 친정에 가는 속마음은 어머니의 이야기를 듣고 싶은 마음이 앞설 때가 많다. "아흔인데 이 만큼 잘 난 사람 있으면 나와 보라고 해!" 내 엄지손가락 두 개를 세워 보이면 박장대소하시는 귀여운 아흔의 어머니다.
> - 「아침수다」에서

인간에게 소중한 것은 자신의 삶이 갖는 의미에서 스스로 만족하는 것이다. 그 충족의 기쁨 없이 삶은 무의미한 것에 지나지 않는다. 단지 살아있는 것만으로 기뻐할 수 있는 것은 엄숙하게 운명을 받아들이려는 마음 씀에 기인하는 것이다. 인간은 누구나 무엇에 의지해 자기를 지탱할 수밖에 없는 나약한 존재다. 적막이라도 따뜻하다면, 차라리 괜찮은 것이다. 이 역설의 낯설게 하기가 주는 미학은 그녀를 무한한 포용성의 얼굴을 가진 작가로 부각시킨다. 삶을 원망하고 현실에 불만을 토로한다고 해서 삶의 질이 어느 한 순간에 돌변하여 달라지는 것은 아니다. 이 수필은 한 가족이 '아침 수다'를 통해 소통함으로써 행복을 찾아가는 상황 제시를 통해 우리 시대 어머니의 상을 다시 반추한다. 사랑하는 한 사람의 일상사에 담긴 추억이 긍정적이며 낙관적인 인생관과 버물어져 탄생한 것이어서 공감을 준다. 일상사의 사소함에서 출발한 행복들이 드러난 이 글은 인간적 삶의 소중한 경험이요, 수필가는 그 경험의 전파자다. 오늘을 사는 우리에게 진정으로 필요한 것은 잔잔한 감동을 만들어낼 수 있는 이 끈끈한 혈연의 연대라는 것을 이 수필은 말해준다. 순수한 연모와 향기 나는 모성애보다 더 가치 있고 아름다운 것이 이 세상에 어디 있을까. '아침 수다'에는 어머니의 등장이 대부분이다. '어쩌면 우리들의 수다는 어머니가 만들어 준 무대일지도 모른다. 당신의 일상이 맑고 흐림에 따라 우리들의 수다도 맑고 흐리고 비가 내린다.'는 멘트가 살짝 가슴을 찌르면서, 여운의 맛을 준다. 이런 맛이 있어 문학성이 생겨나고 공감도가 형성되는 게 아닐까.

친정어머니는 내가 친정에 가면 시인이 온다고 나의 시를 낭송해 주신다. 몇 날 며칠을 외웠다고 하시면서 앵-콜을 하라고 주문하시고는 또 한 편의 시를 낭송하시면 우리는 박수를 아끼지 않고 어머니는 박수의 여운을 다 즐기신다. 여든 여덟이 되던 해 어느 날, 자기가 일이 하기 싫은 이상한 병에 걸렸다면서 손수 지으시던 밥 짓기를 서서히 그만두셨다. 깔끔하셔서 거의 남의 손을 빌리지 않으셨는데 정말 하기 싫으셨던 모양이라고 생각하고 당신이 하시고자 하는 대로 보기로 했다. 어머니는 멋이 있으신 분이다. 일흔이 되는 해에 대만과 일본을 우리 어머님과 함께 여행했다. 사돈과의 여행이었다. 일본 가이드는 꽤 젊고 자기 일에 자부심이 강한 사람이었는데 어머니는 그 사람과 많은 이야기를 하셨다. 역사에 관해서도 일본말로 거침없이 했다. 가이드는 자기가 만난 사람 중에 가장 품격 있는 일본말을 구사했다고 했다. 1988년 가을이었으니까, 해외여행을 개방한 지 얼마 안 되었을 때의 일이다.

- 「그래, 니는 할끼다」에서

이 수필의 핵심은 자신이 선물한 시화 「아흔의 물보라」를 떼서 안 보이는 곳에 두라고 한 어머니를 달랠 해법을 찾는 가운데에 있다. '아흔'이 주는 숫자에 눈물보다 끈적한 모정의 향기와 그리움의 미학이 펼쳐져 있다. 모성과 그리움의 미학을 주제로 하는 수필은 현대사회의 특성상 여성 수필에서 필연적으로 자주 나타날 수밖에 없다. 친정어머니는 작가가 친정에 가면 시인이 온다고 딸의 시를 낭송한다. 자식에 대한 자부심이 대단하다. 자식에 대한 기대와 자부심은 어른들의 존재 이유다. 자녀에게 주는 일종의 아름다운 격려다. 그것은 새로운 자기 탐색을 위해서도 보람 있는 일이지만 작가적 삶의 영토 확장에도 바람직하다. 또한, 그것은 얽매인 일상의 생활에서 새로운 창조의 기쁨을 누리는 희열이다. 여기에는 모성의 원리가 작용하고 있다. 특히 모성 체험과 같은 자녀와의 관계성은 여성의 도덕적 인식을 구성하는 요체다. 여성에게는 무조건적이고 희생적인 모성을 요구하는 어머니라는 위치가 가장 확실하게 그녀에게 존재의미를 부여하고 있다. 여기에서 모성 이데올로기는 여성의 위치는 가정이며 여성의 임무는 가족 구성원을 돌보고 그들에게 정서적 안정을 제공하는 사회적 통념을 의미한다. 작가는 가이드의 말을 빌려, 어머니의 일본어 실력이 보통이 아님을 전한다. 문학은 간접화의 원리에 의해 문학성이 생성된다. 모정의 원리가 뜨겁게 솟구치는 대목이다.

어머니는 시간이 날 적마다 장독을 닦으셨다. 장독은 닦을수록 반짝거려서 윤기가 자르르 흘렀다. 내가 짙은 고동색을 좋아하는 이유는 그때 윤기 흐르던 장독에 반한 까닭이다. 나는 장독 안이 항상 궁금했지만 건드리다가 깨기라도 할까 봐 아예 장독대에 올라갈 엄두도 내지 않았다. 어머니는 장날에 시장을 봐 오시면 먹을거리는 곧장 장독에 보관했

다. 내 마음대로 꺼내지 못하고 어머니나 언니가 꺼내주면 먹을 수 있었
는데 웬일인지 홍시는 끝도 없이 나왔다.

- 「장독대」에서

「장독대」는 자식을 향한 부모의 정, 부모를 향한 자식의 정이 어떠한가를 교차적으로 제시해주는 수필이다. 현대인들은 자식들에게 능력 되면 대학까지 보내주고 물질적으로 풍요롭고 불편 없이 살 수 있게 해주었다는 사실만으로도 부모의 도리를 다한 것으로 생각하는 사람들이 많다. 그것도 돈이 있고 여유가 있는 부모만이 베풀 수 있는 것이 틀림없다. 그러나 아이들에게 정작 필요한 것은 물질적인 도움이 아니다. 아무리 황금만능주의 사회라 하더라도 부모와 자식 간은 물질이 전부일 수 없다. 박미정은 이런 진리를 '장독대'라는 제재를 통해 잘 보여준다. '어머니는 장날에 시장을 봐 오시면 먹을거리는 곧장 장독에 보관했다. 내 마음대로 꺼내지 못하고 어머니나 언니가 꺼내주면 먹을 수 있었는데 웬일인지 홍시는 끝도 없이 나왔다.'는 문구는 모정의 무한한 신비함이다. 어머니와 자식 간에 오가는 사랑의 화음이 감동을 준다. 장독대의 상징성에 뭉클한 감동이 드는 것은 모녀지간의 애정이 그만큼 절대적이며, 애틋하고 간절하다는 증거가 아니겠는가. 작가는 이 작품을 통해서 혈연의 소중함을 다시 한 번 일깨워 주고자 한다. 부모와 자식 간의 정이 예전 같지 않은 요즘이라

이런 글이 더욱 가슴에 와 닿는다.

　박미정 수필 세계가 보여주는 또 다른 한 모습에는 모성의 따스함이 스며나고 있으며, 진솔한 고백이 반성적 성찰의 원리로 승화되어 순진무구한 인정의 미학이 구축되어 있다. 수필 문학이 지닌 특징 중의 하나는 개인적 체험을 보여주는 데 있어서 가공하지 않고 사실을 그대로 노출한다는 점이다. 독자로부터 공감을 얻게 되는 것은 그 소재가 특별해서라기보다 작가의 진솔함이 인정에 뿌리내려 있어서일 경우가 많다. 박미정 수필의 최대 강점은 체험의 진실성이요, 진한 모성 원리의 표백에 있다. 이것이 독자로부터 공감을 얻게 할 뿐만 아니라 수필문학으로서의 가치와 문학성을 담보해 준다.

3. 식물성의 발현과 긍정미학의 추구

　박미정 수필의 세 번째 큰 물줄기는 향토 서정과 휴머니즘의 추구라는 사상성으로 집약될 수 있다. 고향의 추억을 통해 보편적인 것에 도달하는 것이 박미정 문학의 본령이다. 인간에게는 본능적으로 자신이 태어나고 자란 고향에 대한 그리움이 있다. 이와 함께 인간에게는 본능적으로 과거에 대한 추억이 흐르고 있다. 귀소성이란 인간으로서 어쩔 수 없는 본능적 속성이다. 그런데 현대에 와서 많은 사람이 자신이 태어나고 자라던, 또는 오랫동안 살아오던 고향에서 계속 살지 못하고 고향을 떠나서 살고 있다. 특히 도시 문명의 확산과 산업사회 진입 이후 많은 사람이 고향을 떠나 살게 되었다. 작가는 찬란한 유년시절을 고향에서 보내고 지금은 결혼해서 부산에서 살고 있다.

> 어장을 접은 지 십오 년이 되었다. 오늘 새한테 눈총을 주려고 새벽부터 설친 것은 내 실수이나 새로 인하여 잊었던 꿈을 찾았다. 나는 아직 꿈을 꿀 수 있다. 대박이다. 이제부터 새꿈을 기대해도 좋을 것 같다. 그물과 함께 쓸려가 버린 사라진 꿈을 되찾아 준 쩌렁새가 날아다니는 허공에는 새소리가 널린다. 쩌렁, 쩌렁 하늘이 울리는 걸 보니 앞으로 만사가 형통할 모양이다. 앞산 끝보다 높이 날았다가 다가와서 소리 짖는 짓이 재롱스럽다.
>
> 살아간다는 것은 늘 새로움과 만나는 것이리라. 일상이 새로움인데 새로움이 새삼스럽게 발견된다고 생각되는 것은 왜일까. 어제도 그제도 쩌렁거렸을 새가 오늘 다가왔다. 쩌렁새의 비상을 보며 나의 비상을 꿈꾼다면 너무 주술에 걸렸다고도 하겠지만 그래도 좋다. 오늘은 쩌렁새로 인하여 꿈을 발견한 날이다.
>
> -「쩌렁새」에서

박미정은 비상을 꿈꾸는 작가다. 쩌렁새의 그 작은 몸짓과 큰 울음

소리에 귀 기울이고 눈여기는 작가다. 수필 속에는 식물성적인 고향 노래의 향연이 다채롭다. '나는 새를 꿈에 보면 좋은 일이 생겼다. 큰 손자가 태어날 때도 새를 보았고, 어장을 할 때도 꿈속에서 내가 새처럼 날아다니면 재수가 있었다. 자주 꾸지는 않았지만, 용왕제를 지낼 날을 잡고 나면 꿀 때가 있었다. 내가 날아다닌 꿈을 꾼 그 해는 바다가 우리 것이었다. 태평양에서 작업하는 오징어 저인망 여러 척도 그랬으니 손을 비벼주는 할머니는 내게 한 번씩 물었다. 어젯밤에 꾼 꿈은 없느냐고……. 꿈에 나는 날개 없이 날아다니는 새였다.'는 진술은 작가의 꿈에 영성이 작용하고 있다는 증거다. 인간은 누구나 자기실현을 위한 상승심리와 함께 긍정 효과에 대한 믿음이 싹트게 마련이다. 더욱이 시인이 되고 문학성에 대한 욕구가 강해지면서 많은 작가에게 미래에 대한 꿈은 가장 가까운 벗으로 자리매김 하는 것이 상례다. 성공과 멀어져 있는 여성으로서 꿈이 있는 생활공간이 자연스럽게 작가를 자기 긍정 속으로 밀어 넣고 있다. 꿈속에서 생명을 가지는 무수한 새의 날갯짓은 어쩌면 인간에게 희망을 주기에 안성맞춤이므로 작가는 향수에다 쩌렁새라는 제재를 투여해서 긍정 미학의 효과를 수필화했다.

아들은 바다를 잃는 아버지를 보았다. 잃은 바다는 아무리 넘실대도 가라앉았다. 바다는 아팠다. 아버지가 떠난 바다는 한동안 깃발도 보이지 않았다. 없다. 아이를 손잡고 백사장을 거닐며 상처가 사라졌으면 하는 바람이다. 한때는 바다 일부를 호령하며 잘 나가던 아버지의 부富를 보았고 부富라는 허무의 성城에서 슬픈 삶을 보았던 아들, 지금은 어떤 마음으로 바다를 보는 것일까. 기다리는 동안 내 마음은 바람을 만난 물결처럼 출렁이고 뜨거운 파도인 양 철썩거리는 소리로 일이 손에 잡히지 않는다. 고요하게 보내도 좋을 시간에 떠오르는 바다는 언제나 그랬듯이 고민의 화두를 준다.

- 「바다는」에서

  바다는 그녀에게 푸른 깃발을 흔들며 옛이야기를 해보자고 손짓하지만 적당한 거리에서 그리움의 대상이다. 그녀는 혹독한 바다를 남편과 함께 온몸으로 부딪치며 살아왔다. 박미정은 바다를 잃은 사람이기 때문에 겪을 수밖에 없는 트라우마를 바다 체험을 통해 노출하고 있다. 「바다는」을 통해 아버지의 바다와 남편의 바다에 얽힌 추억을 손자 수민의 바다 사랑을 통해 역설적으로 음미하고 있다. '바다는 아팠다. 아버지가 떠난 바다는 한동안 깃발도 보이지 않았다. 없다.'라고 묘사하는 데서 그녀의 정서를 압축해서 간접화하는 문학적 역량이 드러난다. 추억의 뒤안길에서 만나는 바다에 중요한 삶의 의미를 주면서 메타포로 작용하게 하는 수법도 대단히 전략적이다. 아버지가 떠난 바다의 허무를 인식하는 작가에게 바다는 고민의 화두다. 이 부분은 그녀가 관조의 세계를 지닌 작가라는 것을 알 수 있게 하는 대목이다. 서구에서는 주로 자연을 도전과 정복의 대상으로 인식했던 데 비해 동양에서는 자연을 어디까지나 신뢰와 조화의 대상으로 보아왔다고 할 수 있다. 바다는 그녀에게 한마디로 삶의 터전이었다. 바다의 질서 안에는 단순한 변화뿐만 아니라 삶의 양태가 내재되어 있다. 그것은 작가가, 바다를 좋아하는 손자를 향해 전하는 메시지다. 박미정의 수필적 지향이 일상의 현실을 단순히 기록하는 데서 더 나아가 바다의 숨소리와 그의 맥박, 의도를 점철해 가는 발견과 깨달음으로 확산되고 있다는 것은 수필의 문학성을 더하는 일로 바람직한 하지 않을 수 없다.

> 맏며느리에게 내가 지녔던 염주를 주었다. 얼른 받아주어서 고마웠다. 내원정사에서 그들 이야기를 많이 한 손길이 묻었으니 좋을 듯했다. 아낌없이 주고 싶지만 그러지 못해 안타깝다. 이 층 누각에 범종루가 있다. 드나들면서 그 자리에 멈춰본 지가 오래다. 좋은 바람 속에서도 움직이지 않았다. 때가 되어야 울린다. 시도 때도 없이 남의 말을 함부로 하는 사람은 여기에서 침묵을 배울 일이다. 배우는 것은 죽을 때까지라고 하더니 정말 그렇다. 침묵연습을 하고 사천왕문을 빠져나온다.
>
> － 「침묵연습」에서

사찰순례에 대한 작품에서 우리가 얻을 수 있는 것은 안식뿐만이 아니다. 잊고 있거나 잘 모르고 있었던 것에 대한 향수와 우리가 진짜 돌아가야 할 세계에 대한 발견과 인식이라는 측면에서 종교적인 소재의 발견은 의의가 있다. 박미정 수필에서 발견되는 불교를 소재로 하는 수필에서 발견할 수 있는 또 하나의 가치는 작가의 모성원리뿐만 아니라 삶의 반성적 성찰대에 자신을 세우는 데 있다. '이 층 누각에 범종루가 있다. 드나들면서 그 자리에 멈춰본 지가 오래다. 좋은 바람 속에서도 움직이지 않았다. 때가 되어야 울린다. 시도 때도 모르고 말을 함부로 하는 사람은 여기에서 침묵을 배울 일이다.'라고 일침을 놓은 이 대목은 작가 자신에 대한 완고할 정도의 애정이며, 자기를 실존케 했던 운명적 존재에 대한 애착이다. 박미정은 자신을 껴안아 자신을 배반하지 않는 모습으로 범종루 앞에 서 있다. 현실이 각박하게 전개되고 있지만, 그 누각 앞에서는 맏며느리에 대한 애정의 향기가 서려 있다. 그 시간과 공간에 깨달음과 그렇지 못한 사람에 대한 일침이 빠질 수 없다.

작가는 아들과 함께 내원정사를 다녀온 후, 크고 작은 일이 있을 적마다 부리나케 이 절에 다녔다. 불안할 때, 무엇인가에 의지하고 싶어 하는 것은 인간의 생득적인 감성이다. 그뿐만 아니라 자신의 종교는, 타인들의 눈에는 하찮게 보일지 몰라도 그 당사자에게는 마냥 아름답고 소중하게 느껴지는 법이다. 종교적 소재에 관한 근래 수필 중에서 이처럼 진지하게 삶의 진리에 천착해 보인 수필이 있었던가. 흔들리는 자신을 다 잡고 자신을 채찍질하는 작가의 모습이 신성한 구도자처럼 느껴지는 것은 기원에 대한 진정성 때문이리라. 더욱이 부모로서 기원의식은 인간으로서 당연한 일일 뿐만 아니라 근본적으로 휴머니즘의 추구다. 종교란 원래 우리 인간에게 있어서 어머니의 품속과도 같은 것이며, 우리의 삶과 인간성을 성숙시켜 주는 곳이기 때문에 그곳에 대한 발걸음마저 상실한다면 그것은 곧 인간성의 상실을 의미하기 때문이다.

오후 늦게 서야 명숙이를 찾았다. 골목도랑을 한참 빠져나가면 있는 큰길을 지나서 논두렁도 옆을 지나는 도랑에서 주검으로 발견되었다고 했다. 나는 그 소리를 듣는 순간 무서움증이 덮쳤다. 소름이 돋아 바깥을 나갈 수 없었다. 아니 돌아볼 수도 없었으며 밖이 보이는 창문은 더욱 볼 수 없었다. 밖이 무서웠다. 방 안에서 엉엉 우는 것 밖에 하지 못했다. 빗소리에 울음이 묻어가는 것도, 안면을 바꾸고도 엉큼스럽게 아무 일 없다는 듯이 주룩주룩 내리는 것도 야속했다. 비는 참으로 무심했다. 아까보다 설 하다고는 하지만 오는 것을 멈출 줄 몰랐다. 다음 해에 초등학교 간다고 좋아하던 명숙이는 그해 장마와 함께 떠나서 영영 돌아오지 않았다.

얼마 전에 고향으로 내려가서 내가 살던 골목을 찾았다. 출발할 때는 내릴까 말까하며 엉덩이를 들썩이던 비가 본격적으로 내렸다. 명숙이를 앗아간 작은 도랑은 복개되어 얼굴을 달리했다. 겉으로 서너 뼘밖에 안 되는 사라진 도랑 폭을 얼핏 그리면서 지난 생각들이 오갔다. 참 많이 변했다. 하지만 그때부터 지금까지 변하지 않은 것은 나에게 장마는 항상 불청객이다.

- 「장마」에서

「장마」에서 먼저 느껴지는 것은 따뜻한 인정이요, 휴머니즘이 뿜어내는 거친 호흡이다. 수필이라고 하면 누구나 쉽게 쓸 수 있는 글이란 생각을 하기 쉽다. 그러나 수필은 제재에 대한 철학적 통찰을 통해 문학적 방식으로 쓰여야 할 글이다. 그것이 문학적 방식인가 아닌가는 이 수필 '출발할 때는 내릴까 말까 엉덩이를 들썩이던 비가 본격적으로 내렸다. 명숙이를 앗아간 작은 도랑은 복개되어 얼굴을 달리했다.'처럼 구체적 형상을 통해 자기 고유의 의미와 가치를 나타내는 표현인가 아닌가 하는 점에 따라 구분된다. 옛날의 선인들은 자기 성찰적인 글쓰기를 중시하였으며, 수필적인 방식을 통해 선비 정신을 길렀다. 작가는 고향 친구를 앗아간 비에 저항하면서 친구를 생각해 본다. 그 근거, '두 손을 모으고 기도했다. 제발 돌아오게 해 달라고 빌고 빌었다. 장대 같은 비는 그칠 기미를 보이지 않았다.'라는 항변이 자못 문학적이다. 여기서 장맛비는 그녀에게 트라우마다. 박미정의 수필은 일상의 생활 속에서 얻은 체험을 '장마'이라는 구체적 형상으로 제시했기 때문에 미적 감동을 준다.

이렇게 따뜻한 온기를 지니지 않고 어찌 감동을 주는 한 편의 수필을 쓰겠는가. 박미정 역시 여느 여성 작가와 마찬가지로 생명의 소중함과 우정의 중요성을 느끼는 마음이 있는 작가이기에 그녀에게 장마는 지금까지도 변하지 않는 불청객의 존재가 되는 것이다. 그때는 모든 것이 풍성하고 마음도 넉넉했고 옹기종기 작은 초가지붕들의 낮은 담장 사이 정감이 오가는 평화로움 그대로였다. 이웃 간의 정은 무엇인가를 가슴에 지니고 살 수 있게 해주는 역할은 한다. 고향은 그러한 의미에서 박미정에게 위안의 장소여야 마땅하다. 그러나 고향에서 뛰어놀던 골목은 그녀에게 아픔을 수놓고 있다. 그래도 발길이 그곳으로 향하는 것은 삶의 자양분을 키워 준, 궁핍한 시대의 은혜로운 모정과 우정이 깃든 곳임을 잊지 못하기 때문이다. 이는 박미정이 귀소적 회귀 심리 속에서 고향을 못 잊어 그리며 살아가고 있음을 말해준다. 이 수필은 '장마'를 제재로 휴머니즘을 담아낸 수필이다.

4. 네오필리아의 추구와 심미적 안목

박미정 수필이 거처하는 또 하나의 공간은 자기표백이다. 그녀는 자신의 모습을 진정한 자아의 영토에서 낮추는 작가다. 생을 조용히 사유할 수 있는 자세를 갖춘 작가다. 인생을 칼칼하게 씻어내기 때문이다. 모든 수필이 지녀야 하는 공통적 요건 중에 하나가 대상을 바라보는 심미적 안목이다. 심미적 안목이란 화려하거나 현란한 언어 구사와 거창한 주제와 경이로운 소재에 의해 만들어지는 것이 아니다. 그것은 수필 작품을 통해 이르는 효과에 중요한 조건이 되지만, 인간의 흥건한 정이 배어 있고, 사물을 바라보는 날카로운 통찰력이 자리하며, 독자에게 공감을 유발할 때, 문학적 미학은 완성된다. 수필은 어떤 문학보다 미학적 정서를 요구하는 글이므로 수필가는 정이 풍부한 사람이라야 한다. 무심한 사물까지도 사랑할 수 있는 정은 인간의 심리 중에서 가장 원시적 요소다. 그러나 그것이 물상을 사랑하는 데에 이르기 위해서는 어디까지나 객체를 긍정적으로 받아들이는 것에서 가능한 것이다. 다행스러운 것은 그녀가 존재론적 차원에서 소재에 접근하고 있다는 점이다.

작가로 가는 길에 걸림돌 같은 글쓰기를 극복하는 것도 혼자 해야 한다. 작가의 핵이 되는 글쓰기는 시간 죽이기의 홀로서기다. 많이 읽고 귀동냥한 것이 많아서 팔도벼슬을 할 것 같지만 쓰는 일을 밥 먹듯이 하지 않으면 그림의 떡이다. 발품을 팔아야 한다. 글은 쓰면 쓸수록 어렵다는 것을 경험하지 않으면 쓰는 작업이 보배롭게 여겨지지 않는다. 시간을 아껴가며 쓰는 글이 스스로 귀하지 않다면 누가 귀하게 볼까. 생각하면 아찔하다. 작가가 되고자 한다면 벼랑 끝에 서도 써야 한다는 각오는 잊지 말아야 함을 전한다.

- 「도랑 치고 게 잡고」에서

수필의 소재를 '생활'과 '자연'에서만 찾으려 하는 작가가 있다면, 소재의 빈곤과 작가의식의 부재를 스스로 인정하는 꼴이 될 뿐이다. 수필은 우리네 삶의 모습이다. 수필 쓰는 일은 삶을 통한 선택된 체험을 상상력으로 재창조하고 재구성하는 일련의 문학적 경로를 통해 예술로 승화시키는 작업이다. 그 소재가 어찌 '생활'과 '자연'뿐이겠는가. 그 표현 방식이 어찌 '고백'뿐이겠는가. 수필가들은 폭넓은 소재를 통하여 그 작품세계를 확장할 필요가 있다. 그래야만 수필이 '인간학'이라는 새로운 틀에 맞추어 좀 더 그 지평을 넓혀 갈 수가 있을 것이다. 수필가도 문학인이기 때문에 뚜렷한 자신의 문학관을 가져야 한다. 수필이 생활인의 애환만을 크게 받아들인다면, 작품세계를 스스로 좁히게 된다. 박미정의 문학관을 엿볼 수 있는 「도랑 치고 게 잡고」의 작품이 보여 주는 메시지의 한 축에는 예리한 작가의식이 투과된 문학 정신이 잡고 있어 평자를 안도하게 했다. 송나라 구양수가 말한 삼다 중에서도 그녀는 다작을 강조한다. 수필이 이처럼 수준 높은 문학적 향취를 띠는 이유는 '벼랑 끝에 서도 써야 한다는 각오는 잊지 말아야 함'을 전하기 때문이다. 다작에 대한 작가의 확고한 믿음이 오늘 이 수필집의 출판을 가져 왔다.

시인은 항상 새로운 과제를 제기하고 추구한다. 그 방법론에 있어 각자 다른 양상을 띠지만 삶에 직관으로 연결해 자기실현의 경지를 펼친다. 자기실현은 무의식을 의식화함으로써 가능하며, 삶의 미분화된 공간을 드러내 보임으로써 자기 정화의식을 가진다. 하지만 나의 시는 독자들에 의한 좋은 채점의 시각을 은근히 기대하며 바늘을 허리에 꿰게 하는 충격을 일부러 가하지 않는다. 측은지심을 억지로 느끼게 하는 소모성으로 진실을 오도하고 싶지 않기 때문이다. 본질적인 삶에서 보편적인 공유경험을 통해 더도 덜도 아닌 있는 그대로 이해해 주는 존재가 있다는 것을 확인하는 것에 시의 쓰임을 갖고자 한다.
- 「내 시에는 비빌 언덕이 있다」에서

자신의 치부가 될 수 있는 이야기를 아무데서나 하면 안 된다. 그리고 하고 싶지 않은 것이 인지상정이다. 수필이란 장르는 자기 이야기를 진솔하게 하라고 덕석을 펴 놓아서 좋다. 덕석이 편안해서 미주알고주알 해야 한다. 부리던 멋은 다 벗어 던지고 립스틱도 바르지 않고 집게로 뺀 눈썹줄이 그대로 드러나는 민낯의 글맛을 맛보고 싶다. 씁쓸하고 담백해서 메뉴에 없는 비빔밥 맛일지라도 한국 맛에 가깝기야 할 것이다. 절반의 성공이다.

- 「여러 소리」에서

작가에게 있어 뚜렷한 자신의 문학관이 존재하느냐 안 하느냐는 매우 중요하다. 창작물은 표현 의도에 의한 결과물이고, 그 의도는 수필이라는 그릇을 어떻게 보느냐에 따라 달라질 수 있기 때문이다. '본질적인 삶에서 보편적인 공유경험을 통해 더도 덜도 아닌 있는 그대로 이해해 주는 존재가 있다는 것을 확인하는 것에 시의 쓰임을 갖고자 한다.'는 그녀의 문학관은 작가가 진실한 삶을 최고의 창작 신조로 삼고 있음을 보여준다. 새로운 것을 추구해야 한다는 네오필리아적 가치관과 함께 진실에의 탐색은 작가의 모습 가운데서 가장 아름답고 소중한 진수이며 작가적 삶에 있어서 영롱한 에센스가 될 것이다. 문학은 어디까지나 존재론적 총체의 부가여야 한다. 정말 작가로서 성공하고자 한다면 많이 써야 한다. 수필이 궁극적으로 표현하는 대상은 자신이 아니라, 그가 속한 환경과 이에 대처하는 인간의 보편적 성향이다. 수필은 총체적이고 추상적인 현실을 보다 심미적 가치를 지닌 삶의 실상으로 구현하는 작업이다. 가슴이 서늘하거나 후끈한 인간미가 배어 나오지 않은 글은 작품이라고 할 수 없다. 비록 개인사적인 문제를 가지고 글이 출발하더라도, 그것을 통해 인간의 보편성을 발견하고 새로운 가치 발견의 문을 열어야 할 것이다. 언제나 사람에게 있어서 가장 큰 관심사는 나는 과연 어떻게 살아야 할 것인가 하는 명제이기 때문이다. 작가가 문인으로서 확고한 자리를 굳히기 위해서는 문학성에 대한 자기 기준을 가져야 한다. 「내 시에는 비빌 언덕이 있다」는 문학 정신이, 「여러 소리」에서는 수필문학의 특성이 잘 드러나 있다.

> 아끼면 쉬 쓴다고 아끼지 말라는 말이 있다. 아끼지는 않았지만 나름대로 애지중지하던 시간이 만나지 못할 시간으로 바뀌었다. 흥망성쇠도 순간에 있다. 알게 모르게 경험으로 믿게 된 나의 철학은 할 수 있을 때 하는 것이다. 한다는 것은 선물이라는 처세도 들어간다. 지금 눈앞에 일어나는 일이 그런 순간이라면 내려놓아야 한다는데 생각이 닿는다. 의미 있던 시간이 때로는 아무 의미 없는 시간이 되는 세상사의 일에 내가 무슨 힘이 있다고 왈가불가하겠는가. 순리는 아니지만 그것도 나의 삶의 한 순간이라면 따를 수밖에 없다. 하늘도 내려놓아야 하는 때가 있었는데 이런 일이야 대수가 아니다.
>
> - 「프로크루스테스의 침대」에서

끊임없는 구도의 길로 자아를 내모는 세계에 대한 전면적 대결로 빚어지는 박미정의 자기 고백록은 두 가지 측면에서의 의미 있는 성찰을 제공한다. 하나는 그가 보여준 반성적 자기 성찰이 근래 수필의 한 경향인 내성적 경향을 긍정적인 의미에서 심화하고 있다는 점이다. 견고한 문학적 장치와 유추를 동반하면서 고백을 '고백' 아닌 것으로 끌어올리는 힘이야말로 박미정의 문학적 저력을 확인케 한다. 다른 하나는 그의 수필이 행하는 작가적 자기반성이 문학적 가치에 대한 깊이 있는 통찰을 제공한다는 점이다. '알게 모르게 경험으로 믿게 된 나의 철학은 할 수 있을 때 하는 것이다.'라는 결단의 꽃을 피우려는 결연한 자세 없이는 글쓰기에 대한 반성적 통찰 또한 가능하지 않다. 이런 '하면 한다'는 결연한 의지로 영원히 멈추어지지 않을 구도의 행보를 계속해 나간다. 수필 속에는 자기만의 철학이 있기에 잔잔한 감동이 있고, 포근하게 느껴지는 정감이 있다. 깊은 깨달음의 경지가 느껴질 뿐만 아니라 수수하면서도 소박하고, 은근하면서도 조용하고 은은한 향취가 풍긴다. 그녀는 깊은 의식과 상념으로 감성을 체계적으로 정리 압축하고, 다양한 시각과 풍부한 상상력으로 인간과 삶을 예리하게 살피고 있다. '순리는 아니지만, 그것도 나의 삶의 한순간이라면 따를 수밖에 없다.'라는 현실 지향적 태도는 평소에 영혼과 마음을 늘 갈고 닦은 까닭이리라.

5. 견고한 인성과 우리-되기의 힘

박미정은 다 태우지 못한 삶의 갈망들이 들끓고 있는 작가다. 심기 속에 전류처럼 정이 따뜻하게 흐르는 작가다. 이 수필집은 일상에서 꽃피우는 인연의 소중함과 견고한 인성의 노래로 수놓아져 있다. 흔히 수필은 자신의 심적 나상이라고도 하고 독백의 문학이라고 하는데, 박미정의 수필은 자신의 이야기를 하면서도 자기에 초점을 맞추기보다는 이웃의 인연과 만남의 소중함을 수필적 소재로 취택하고 있는 것이 특이한 점이다. 현대는 다양한 욕구가 충만해 서로 좌충우돌하지만, 자신 이외에는 누구에게도 눈을 돌리거나 귀를 기울일 수 있을 만큼 여유가 없는 단절과 소외로 특징되는 시대다. 이러한 이유로 해서 오늘을 사는 사람들은 고독과 외로움으로 고통당하고 있다. 이런 현실 속에서 수필을 쓴다는 것의 의미는 무엇인가. 문학이 문학만을 위한 작업에만 충실할 수 없는 시대에 사는 것만은 분명한 것이다. 아래 작품「해무를 벗기다」는 여행에서 마주친 자연과 사람의 만남으로 성립되는 소중한 관계가 정겨운 파도처럼 넘실거리고 있어 감동을 준다. 판에 박은 듯한 안내문 같은 정보전달, 소개 형태의 기행문 형식에서 탈피하고 있어 감흥을 준다. 주제의식이 문학적으로 형상화되어 있을 뿐만 아니라 인간적 감촉, 개인적 체취가 강하게 풍겨 기행수필로서 조금도 손색이 없다.

    백성이 오직 나라의 근본이라 여긴 그 분의 일화는 많다. 그 중에 하나를 빌리자면 '누렁소와 검은 소이야기'인데 농부가 한 이야기를 새겨 들어, 삶에 남의 이야기를 하지 않는 귀감으로 삼았다한다. 누가 현자인 가 모든 사람으로부터 배우는 사람이 현자라는 말이 있다. 방촌(厖村)이라 는 호에서 그를 더 짐작케 한다. 시원하게 눈과 귀가 쏴아 뚫린다. 더 자 세히 보려고 안경을 닦는다. 안개 속에서 파도 소리를 찾는다. 순간 나는 강을 바다로 착각하고 있었다. 강은 연신 파랗게 웃으며 바다처럼 짙푸 른 물푸레나무의 인자한 웃음으로 다가온다. 시간이 역사를 조명하듯 오늘의 해무도 시간이 벗긴다.

- 「해무를 벗기다」에서

    자기 정서의 표출이라는 자기 구원만으로 수필가의 사명을 완수했 다고 볼 수 없다. 이런 차원에서 수필가가 그려내야 할 수필적 주제는 인간애의 정신에 있다. 수필의 매력은 작가의 내면 풍경에서 나오는 체취를 음미하는 데 있지 않은가. 바로 인연의 소중함과 만남의 축복 이다. 작가는 기행을 떠나서 황희 정승의 삶과 만난다. 박미정이 청백 리 황희 정승의 정신세계에 푹 빠져들고 있는 이유는 누구보다도 '백 성을 근본이라 여긴' 황희 정승의 '누렁소와 검은 소이야기' 가 작가 에게 큰 감동으로 다가왔기 때문이다. '팔랑 귀가 되고 싶지 않은 것 은 바른 삶의 실천자로서 인간의 체취가 물씬 풍기는 작가이기 때문 일 것이다. 그리고 독립적 자아로 세계와 마주 서는 작가의 세계관이 작용한 때문이다. 박미정의 「해무를 벗기다」는 이 수필집의 제목으로 선택될 만큼 작가의 애착이 강한 작품이다. '안갯속에서 파도 소리를 찾는다. 순간 나는 강을 바다로 착각하고 있었다. 강은 연신 파랗게 웃으며 바다처럼 짙푸른 물푸레나무의 인자한 웃음으로 다가온다. 시간이 역사를 조명하듯 오늘의 해무도 시간이 벗긴다.'라는 결말부 진술은 '이것'을 가지고 '저것'을 만들어 낸 형상화의 백미다. 파주 반구정에서 황희 정승의 선비다운 모습을 접하고, 그 인정의 넉넉함으로부터 삶의 의의를 깨닫게 한다는 측면에서 유의미한 글이다. 특히 작가가 '해무'라는 제재를 통해서 시간과 역사에 대한 인식을 삶의 변증법과 연결한 대목은 단연 압권이다.

    어느새 두 번째 가을을 맞이하고 있다. 첫 출근처럼 거울 앞에서 머무는 시간이 많다. 나의 표정과 몸짓이 그들에게 한국의 거울로 비칠 테니 스트레스를 털어낸다. 드라마를 통해 한국에 대한 막연한 기대나 꿈을 꾸고 온 여성들이 많다. 그런 여성에게는 실망감이 한국에서의 첫 경험이다. 꿈과 현실은 엄연히 다른 줄 알면서도 한국에서는 이루어질 수 있다는 생각을 빨리 떨어내지 못할 때는 안타깝다. 의식과 무의식처럼 적극적 또는 소극적인 극의 모습을 이완시켜야 한다. 한국어를 가르치기 전에 그들의 마음을 헤아리는 배려가 필요하다.

- 「우리 반, 우리는」에서

박미정의 「우리 반, 우리는」 수필을 읽으면, 그녀의 글은 하나같이 삶의 원형, 삶의 진리를 파헤친 지혜서란 생각이 든다. 그녀는 마음을 차분히 가라앉혀주는 위안과 인간의 정신을 구원한 곳으로 이끌어주는 힘을 가지고 있다. 세상에 우연은 없다는 것은 논리학을 배운 사람이라면 다 안다. 인과율에 의해 삶은 계속되는 것이다. 그녀는 이런 삶의 변증법적 법칙을 '봉사활동'을 통해 실천하고 있다. '우리'라는 단어는 그 어떤 장치보다도 사람을 하나로 모으고, 경직되고 얼었던 마음을 데우는 역할을 한다고 의미화한 데서, 그녀가 중요시하는 게 무엇인지, 삶에서 가장 중요한 것이 무엇인지 짐작이 가고도 남는다. 어쩔 수 없어 사는 것이 아니라 그것을 필연으로 여기며 사는 길은 봉사의 실천이라 할 수 있다. 배치나 장치를 만들어 권력을 확고히 하는 것보다는 열린 자세로 다문화 여성들에게 다가감으로써 작가는 튼튼한 공존의 도덕적 모럴을 구축하게 되는 것이다. 삶 속에서 살아가는 사람은 삶의 법칙에 따르지 않으면 살아갈 수도 진화 발전할 수도 없다. 삶의 법칙에는 몇 가지가 있으나 그 가운데서도 피할 수 없는 것이 '인과율의 법칙'이다. 이 지구 위에 생명이 탄생하고 난 이래 이것을 위반하지 않고 현재까지 왔기 때문에 인간은 지금도 인연을 소중히 여기며 살고 있고 존재하고 있다. 이런 원리를 작가는 '우리'라는 말로 풀어헤치고 있다.

수요일은 그녀를 만나러 가는 날이다. 대연동 M 시장 안에 있는 아담한 4층 건물에 잠시 머무는 그녀들을 만나기 위해 2006년 6월부터 '문학으로의 초대' 프로그램으로 자원봉사를 시작했다. 일주일에 한 번 가지만 그녀는 나의 정다운 이웃이다. 일주일마다 새 얼굴이 있고, 출산해서 보이지 않는 사람 등 변화는 있지만 거의 다섯 명 정도의 그녀가 나를 기다린다. 초면인 그녀는 첫 만남이 어색해서 나에게서 떨어져 앉아서 얼굴을 쉽게 보여주지 않는다. 반복되는 일이라 첫날은 관계만 맺는 일로 끝난다. 사실 관심은 두지만, 그녀의 마음이 편안하기를 바라기 때문이다.

- 「그녀」에서

　　자기 삶에 대해 누구나 쉽게 부끄러움을 내비칠 수 있는 건 아니다. 이런 차원에서 이 작품은 인간의 체취에서 풍기는 향기를 더해주는 글이다. 수필은 인간을 위하여 그리고 인생을 보다 낫게 하려고 존재하는 것이다. 따라서 작가가 자기 자신보다 남을 위해 노력하는 모습을 보이는 것은 매우 바람직하다. 작가의 진술처럼, 첫 만남이 어색해서 나에게서 멀리 떨어져 앉아서 얼굴을 쉽게 보여주지 않는 건, 자신만의 울타리를 만들어 나를 가두는 것으로 스스로 고립이다. 작가는 이런 여성들을 심리를 최대한 배려한다. 이런 타자와 우리-되기는 언제나 가슴 뭉클하게 하는 힘이 있다. 수필은 힘의 문학이다. 그 힘은 작가의식으로부터 나오지만, 인간애의 고양으로부터도 나온다. 생각이 머물지 못하고 인정들이 들고 나는 시간이 제각각이며 말에 칼날보다 아픈 비수가 실려 가듯 건조한 마음이 바로 무관심이다. 주제를 제재에 담아 문학적으로 조리해내는 일은 누구나 쉽게 할 수 있는 일이 아니기에 박미정의 역량이 빛나는 것이다. 이 작품은 한국에 와서 아직 적응이 서툰 그녀를 위해 쏟는 정성이 존재와 삶에 대한 자각과 잘 어우러져 잔잔한 감동을 준다. 추상의 세계를 서정적 묘사를 통해 구체화하려는 문학적 기법을 통해 나름대로 문학성을 부여하려는 노력이 묻어나기 때문이다. 무엇보다도 제재를 통해 주제를 우려내는 솜씨의 탁월성이 수필가 박미정의 가장 큰 강점이다.

    야외 수업 가는 날이었다. 나는 앞자리를 멀미하는 학생에게 내어 주고 중간쯤 그녀 옆에 앉았다. 전날 늦게 든 잠이 피곤해서 눈을 감았다. 가만히 어깨를 내어 주면서 기대라고 하지 않는가. 너무 낯선 제의에 망설이니까 집에서 자연스럽게 하는 일이란다. 나보다 더 작은 어깨가 나를 편안하게 할 줄 몰랐다. 나를 따라 행진하면서 한 번도 지친 기색을 보이지 않던 어깨는 야무지고 든든했다. 찌티튀류 씨의 열정이 한국과 베트남을 잇는 가교가 될 것으로 믿는다.

-「귀여운 외교관」에서

그녀의 작은 바람이라면 서로 도우며 오순도순 사는 것이다. 봉사자로서 다문화가정의 사람들과 교유하면서 느끼는 심회를 소망으로 의미화한 수필이 「귀여운 외교관」이다. 이 작품에서 그녀가 우리에게 던지는 메시지는 '조화'요, '공존'이다. 작가는 앞자리를 멀리하는 학생에게 내어주고 중간쯤 그녀 옆에 앉는다. 공존의 전제는 한 발 뒤로 물러설 수 있는 양보 정신이요, 비움의 철학이다. 이처럼 그녀는 타자의 존재를 연민의 대상으로 바꾸어 놓은 작가다. 이 수필이 감동을 주는 것은 한국어와 문화를 열심히 배우는 베트남 여인을 '귀여운 외교관'으로 의미화한 대목이다. 어려운 입장에 있는 다문화 가족을 위해, 한 몸 희생하고자 하는 작가에게 박수 소리가 들려오는 것만 같다. 수필이 구원의 문학이라는 데는 이견이 없을 것이다. 이 작품은 건강한 가정을 바라는 작가의 건강한 인식이 녹아 있어 뜨거운 감동을 자아낸다. 그녀는 사람들을 새롭게 결속시키는 힘을 가진 작가다. 긴 인생을 바보처럼 살아가는 것도 필요하지만 어제보다는 오늘, 오늘보다는 내일의 향상을 목표로 삼아 자신을 비워내며 이타적인 사랑을 실천하려는 정신이 후회 없는 인생을 보내는 방법일 것이다. 인간은 누구나 편안하고 안락한 삶을 바란다. 현대적 삶의 어둠은 바로 이기심에서 출발한다. 대부분의 사람이 자기 자신의 내면에서 치솟는 이 끊임없는 안락을 원하는 이기심과의 싸움에서 지기 때문이다. 아직은 낯설고 갈 길은 멀다고 하면서도, 서툴고 모자라는 이 여인이 한국과 베트남을 잇는 가교 역할을 하리라 믿는 작가는 분명히 이 세상을 안개처럼 부드럽게 감싸는 어머니의 손길을 가진 작가다.

6.

　박미정 수필은 "수필은 삶의 문학이다"라는 명제에 답하고 있어 성공적이다. 이 수필집의 작품들은 정말 사람답게 살아가려는 사람들이 생각해야 할 문제, 가슴 깊이 담아두어야 할 가치 있는 문제를 다루고 있다는 측면에서 감동적이다. 수필이 궁극적으로 표현하는 대상은 자신이 아니라, 그가 속한 환경과 이에 대처하는 인간의 보편적 성향이다. 수필은 총체적이고 추상적인 현실을 보다 심미적 가치를 지닌 삶을 실상으로 구현하는 작업이다. 가슴이 서늘하거나 후끈한 인간미가 배어 나오지 않는 글은 작품이라고 할 수 없다. 비록 개인사적인 문제를 가지고 글이 출발하더라도, 그것을 통해 인간의 보편성을 발견하고 새로운 가치 발견의 문을 열어야 할 것이다. 언제나 사람에게 있어서 가장 큰 관심사는 나는 어떻게 살아야 할 것인가 하는 명제이기 때문이다. 위와 같은 차원에서 박미정 수필은 존재 의의를 지닌다. 그녀는 더욱 인간적인 향기로 이 세상의 매듭을 만들며, 풀어나가고자 할 뿐이다.

수필의 본령은 인간 구원에 있다는 허드슨의 정의처럼 박미정은 득실거리는 사회의 군중 속에서 무엇보다도 추억을 추출하여 렌즈 밑에 정착시키고 그것을 멋스럽게 확대시키고 있는 점에서 돋보인다. 또한, 내면 풍경을 그림을 그리듯 감각적으로 구체화하는 데서 문학성이 빛난다. 언어의 활용 면에서 문학수필의 멋을 한껏 우려내고 있어 읽을 만한 수필집이라 하겠다. 다섯 부류로 나누어지는 수필적 특성이지만 가장 우리를 아프게 하는 것이 사모곡이다. 어머니는 존재의 시원이다. 기억해 놓는 일만 해도 가치 있는 일이다. 그런 어머니의 삶을 통해서 살아가는 지혜를 배우기도 하고, 그 가운데 자신을 반성하기도 하고, 사람답게 사는 방법을 독자에게 일러두기를 게을리 하지 않는다. 그래서 그런지 박미정의 수필이 주는 첫인상은 눈물겨운 따스함이다. 인간의 아름다운 마음이야말로 가장 고귀한 것으로 삶을 윤택하게 만든다는 사실을 인식하게 해주었다고 하겠다. 박미정 수필가가 걷는 인생의 길은 자기실현과 봉사의 길이니만큼 더욱더 향기로운 여인으로 성장해서 더 멋진 수필을 써내리라 확신한다.

박미정의 수필은 가장 진솔하고 자연스럽게 자신의 삶을 담는 그릇이다. 수필은 단순히 경험한 것을 이야기로 써서는 안 된다. 수필 쓰기를 통해 삶의 의미와 가치를 창출해야 하기 때문이다. 이 수필에는 작가의 인품과 덕성이 거울에 비치듯 드러나 있다. 그래서 유난히 인간적 향기가 짙게 풍긴다. 어머니의 삶에 대한 이야기는 큰 감동을 준다. 어떤 작품보다도 「아침 수다」와 「니는, 할끼다」, 「장독대」는 작가의 인간적인 면모를 드러낸다. 박미정의 수필은 현란한 색채로 나타나는 허욕의 삶이 아니라 드러나지 않는 색처럼 겸허한 삶을 그려낸 한 편의 멋진 수채화다. 가족을 다루면서도 가족사적인 문제에 머물러만 있지 않고 시선을 공동체적인 삶에 겨눔으로써 언제나 삶 속에서 작은 행복들을 기대하고 꿈꾼다. 이런 따스한 체온을 전해주는 작가이기에 우리는 그녀의 다음 작품에 더 기대를 걸 수가 있다. 앞으로 우리 사회의 모순을 정조준하며, 부드러운 필봉을 휘두를 때, 박미정은 의식 있는 작가로서 크게 주목받을 것으로 보인다. 좋은 수필을 위한 작가의 문학관이 우리들의 기대에 크게 부응하리라 믿기 때문이다.

박미정 수필집
해무를 벗기다

초판1쇄 인쇄 2015년 9월 7일
초판1쇄 발행 2015년 9월 15일

지은이 박미정
펴낸이 이길안
펴낸곳 세종출판사

주소 부산광역시 중구 흑교로 71번길 12 (보수동2가)
전화 463-5898, 253-2213~5
팩스 248-4880
전자우편 sjpl@chol.com
출판등록 제02-01-96

ISBN 978-89-6125-928-6-03810

정가 12,000원

이 책은 저작권법에 따라 보호받는 저작물이므로 무단전재와
무단복제를 금지하며, 이 책 내용의 전부 또는 일부 내용을 재사용하려면
사전에 저작권자와 세종출판사의 동의를 받아야 합니다.

* 잘못된 책은 교환해 드립니다.